KB140064

ENGLISH DNA-LC

오 박사의
영어 청취 비법

ENGLISH DNA-LC

오 박사의
영어 청취 비법

오세풍 지음

한국학술정보

Oprah Winfrey Acceptance Speech 1998의 연설 가운데 1분 2초경에 나오는 소리를 들어보자.

Oprah Winfrey Acceptance Speech 1998(1' 02")

Oprah의 연설은 아래에 있는 원고 가운데 하나처럼 들려올 가능성이 크다.

This is certainly one of ① **the life's full** ② **lives school** ③ **lifes full** ④ **the lifes school** circle moments for me.

원고를 보는 순간 이미 여러분의 인지능력은 문법적인 판단을 기반으로 위에 열거한 예문들 가운데 한 가지를 정답으로 결정했을 수 있다. 그러나 위의 예문이 제시되기 전에 여러분이 Oprah의 연설로만 들었던 것을 기억해보면 여러분들도 위에 제시된 예문들과 비슷한 내용 가운데 하나를 정답으로 추론했을 가능성이 높다. 하지만 순간적으로 지나간 Oprah의 연설을 다시 들을 수 있는 경우가 아니라면 위에 제시된 예문처럼 빠르고 명확하지 않게 들려온 소리는 청자들로 하여금 손쉬운 판단을 허락하지 않는다. 특히 잘 들리지 않은 소리는 곧이어 이어지는 소리에도 미련을 갖게 해 다음에 이어지는 문장을 듣고 이해하는 데에도 좋지 않은 영향을 끼치게 된다. 또한, 자신이 들은 소리가 명확하지 않고 또 문맥을 통해서 추론한 의미의 연관성이 부족할 때 청자는 혼란에 빠지게 되며 자연스럽게 자신이 들은 발화의 의미를 파악하지 못하게 된다. 이렇게 청자의 혼란을 초래하는 발화의 모호함은 어디서 초래되는 것일까? 자신의 모국어에서도 늘 발생하는 현상이지만 자신의 모국어와는 달리 영어를 비롯한 외국어를 학습하면서 하면서 부딪히게 되는 이런 현상은 외국어 학습을 더욱 생소하고 어렵게 느끼게 한다. 하지만 모국어를 습득하면서는 자연스럽고 빈번하게 이런 현상을 경험하고 학습하는 기회가 주어지지만, 외국어 학습의 경우 쉽게 극복할 수 없는 어려운 요소이다. 이런 현상은 이론적으로 몇 가지 요인에 기인한다. 이 책에서는 이 몇 가지 요소들을 모국어 화자들의 실재 발화들 통해 확인하고자 한다.

Oprah의 연설 중에서 이 부분과 같이 명확하게 들리지 않은 부분은 여러 가지 음운 현상들로 인해서 초래되지만 음운 현상 외에도 물리적으로 아주 중요한 의미를 갖는 시간적 요소가 관련되어 있다. 특히 이 시간은 외국어 학습자들이 잘 의식하고 있지 못하지만 아주 짧은 시간이고 이 짧은 시간 동안에 벌어지는 몇 가지 음운 현상의 압축적인 발현은 초보 영어 학습자는 물론이고 어느 정도 실력을 갖춘 중급 이상의 학습자들 역시 비슷한 어려움을 겪는 것을 확인할 수 있다. 다만 상급자들의 경우 명확하게 들려오지 않는 이 소리들에 나름의 반응 현상을 보인다. 물론 이들의 반응이 모두 정확하지는 않지만 초/중급 학습자들에 비해 훨씬 뛰어난 반응을 보인다. 이런 근본적인 차이는 어디서부터 비롯되는 것일까? 이 궁금함에 답하기 위해서는 아래에 제시된 그림을 자세히 살펴볼 필요가 있다.

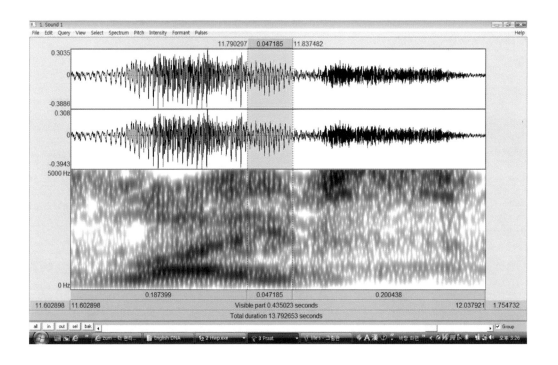

앞에서 제시된 Oprah의 발화 가운데 학습자들의 혼란과 오해를 초래하는 부분은 위 그림 가운데 붉게 칠해진 부분이다. 이 부분은 **life와 full의 소리가 서로 연결되고 겹쳐서 소리 나는 부분**이다. 그림 상으로는 상당한 분량의 시간으로 구현된 것 같지만 이 그림은 설명의 편의상 시각적으로 확인할 수 있도록 충분히 확대한 그림이다. 학습자들의 혼란을 초래할 정도의 말이라면 당연히 그 부분의 발화는 발화 시간이 대단히 짧고 서로의 소리가 겹치면서 많은 변화를 동반하게 된다. 그러면 도대체 그 부분의 발화 시간은 얼마나 될까?

이 부분의 발화 시간은 그림의 아래 부분에 시간이 표시되어 있는데, 아래 시간에서도 볼 수 있는 것과 같이 **0.04초** 정도의 시간이다. 사실 1초도 짧은 시간인데, 그 시간의 100분의 몇 초밖에 안 되는 이 정도의 시간은 영어 원어민 화자에게 들려주어도 무슨 소리인지 알아듣지 못한다. 다만 원어민 화자들은 이 말을 이해하기 위해 소리 정보에만 의존하는 것이 아니라 자신이 가지고 있는 다양한 정보를 복합적으로 활용해 이 내용을 파악한다. 이에 비해 한국인 학습자들의 경우는 1차적인 소리 정보에 대한 이해가 부족하고 또 원어민 화자들에 비해 활용할만한 충분한 2차 정보(어휘, 관용적 표현, 문맥의 이해)도 부족한 상황이기에 같은 내용의 발화라도 당연히 한국인 화자들에게는 더 듣기 어려울 수밖에 없다. 한국인 영어 학습자의 경우 못 알아듣는 것은 고사하고 경우에 따라서는 이런 소리가 있었는지 눈치채지도 못하는 경우도 있다. 바로 이런 이유로 인해 아래에 적어놓은 예들처럼 한국인 화자들이 들을 때마다 서로 다른 소리로 듣게 되는 이유이다.

① the life's full
② lives school
③ lifes full
④ the lifes school
(Oprah Winfrey acceptance speech 1998: 1' 09")

여러분이 만약 초/중급 정도의 학습자라면 이 부분을 아마 위에 열거한 것 가운데 하나로 들을 확률이 높다. 이 부분은 초보 학습자들의 경우 아무리 100번, 1000번을 반복해 들어도 잘 알아듣기 어려울 수밖에 없다.

위의 예에 비해 난이도는 덜하지만 초보 학습자들에게 혼란을 초래하는 예로써 다음의 내용이 포함된 연설을 들어보자. 이 부분은 앞부분과 연달아 이어지는 부분이다.

Because it's... it's so true. (it shows truth.)(It's so true.)

앞부분보다 쉽기는 해도 마찬가지로 듣기가 수월하지 않을 수 있다. 이 소리가 어려웠던 이유는 앞에 보기로 든 '**shows truth**'와 '**so true**'의 소리 효과가 거의 비슷하기 때문에 혼동하기 쉽다. 만약 충분히 훈련받지 않은 화자들이라면 조금은 당황할 수 있는 부분이기도 하다.

영어에서 일어나는 이런 짧은 시간 동안의 변화는 영어에 익숙하지 않은 학습자들에게 학습 의욕을 저하시키고 심지어 더 이상의 학습을 포기하게 하는 상황이 벌어지기도 한다. 앞에서 살펴본 것과 같은 아주 짧은 동안에 일어나는 소리의 변화는 우리가 익숙한 한국어와는 달리 그 달라진 소리의 변화에 학습자들이 잘 대처하지 못하는 상태이다.

한 언어의 소리 변화는 여러 가지 요인으로 인해서 발생하고 또 그 소리를 듣고 이해하는 과정에도 여러 가지 지식들이 복합적으로 작용한다. 앞의 예에서 살펴본 것과 같이 소리를 인식할 수 있는 충분한 시간과 음성 요소들이 제공되지 않으면 학습자들의 경우 기존에 알고 있는 문법 지식이나 상식 또는 상황 지식을 통해 이를 해석하고 이해한다. 그러나 그런 자료가 충분치 않고 더군다나 새로 학습하는 영어의 여러 변이 현상에 익숙하지 않은 초보 학습자들에게 다가오는 부담감은 설명하기 어려울 정도이다.

　여기서 영어의 소리를 이해하는데 활용할 수 있는 간단한 예비지식을 알려드리면 다음과 같다. 영어의 품사는 보통 2개의 부류로 나눌 수 있는데, **명사-동사-형용사-부사** 와 같은 품사들을 한 묶음으로, 그리고 **전치사-관사-접속사-조동사** 등을 한 묶음으로 묶을 수 있다. 전자의 경우 내용어라는 이름으로 모아 부르고, 후자의 경우 **기능어**라는 이름으로 한 데 묶어 부른다. 기능어의 경우 이 단어들이 문장 속에서 발음될 때는 앞에서 내용어라는 명칭으로 언급한 명사, 동사, 형용사, 부사에 비해 현저하게 소리가 약하고 짧아지는 현상이 일어난다.

　영어 듣기 비법에 대해 아주 간단히 설명한다면 이렇게 많은 소리의 변화가 일어나는 기능어를 얼마나 잘 듣고 소화할 수 있는지가 영어 듣기의 관건이 될 수 있다. 영어의 품사를 기능적으로 구분하는 내용어/기능어의 구분과는 상관없이 두 개의 범주에 공통적으로 나타나는 현상이 몇 가지 있다. 그 가운데 중요한 것 중의 하나는 두 개의 범주에 모두 강세를 받지 않는 첫음절로 시작하는 단어가 있을 수 있다는 것이다. 어떤 단어가 강세가 없는 약한 첫음절로 시작하거나, 또는 이런 단어가 전치사 등과 결합하여 발음될 될 때, 한국인 화자들이 이런 부류의 소리를 듣고 이해하는 대처 능력이 특히 취약하다. 특히 그 소리가 자음이 없이 모음으로만 시작하고 그 앞에 다른 단어가 와 있을 때에는 더더욱 잘 듣지 못한다. 이 부분은 두 번째 단락에서 배우게 될 축약/탈락과 경계 설정의 변화를 설명할 때 더욱 자세한 예와 설명을 들을 수 있을 것이다. 또한 원어민 화자의 경우 강세가 있는 곳과 강세가 없는 곳에 대한 구분이 발음을 하든 아니면 소리를 듣던 아주 중요한 역할을 하고 있어 발화가 빨라질 때에도 절대로 빠뜨릴 수 없는 부분이기도 하다. 반대로 듣기를 할 경우에도 소리가 미미하거나 약하거나 혹은 빠를 때 들려오는 소리들의 조합도 바로 이 강세를 포함하고 있는 부분들의 덩어리인데, 이를 제대로 듣고 파악하는 데 상당한 어려움을 겪는 것을 볼 수 있다.

　우선 앞에서 설명한 예들을 이해하기 위해 다음에 예로 든 소리들을 잘 관찰해보자.

　・ eleven,

　・ In Atlanta,

　・ I'm reprising,...(Dr. Randy Paush: 0' 05")

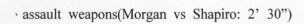

　・ assault weapons(Morgan vs Shapiro: 2' 30")

· that I have is esophagus(Hitchens vs Paxman: 1' 09")

위의 예들은 앞에서 언급한 바로 그런 소리들의 가운데 일부이다. 단어 첫머리가 강세를 받지 않는 모음으로 시작하거나 비록 자음으로 시작하더라도 그 앞에 존재하는 다른 소리와 연음이 되어 그 소리가 약하게 변화되었을 때에는 학습자들이 문자적으로 알고 있고 기대하는 바에 비해 더더욱 잘 들리지 않는다. 이와 같은 현상은 'I'm reprising'이라는 소리 가운데, 세 번째 단어의 첫머리인 'reprising'이라는 단어의 첫소리에서 그 현상이 두드러지게 나타나고 이로 인해 이 부분을 들은 한국인 학습자들의 경우 이를 정확히 이해하는 비율이 아주 저조하다. 더군다나 이 말을 하고 있는 화자의 평균 발화 속도가 빠른 편에 속하는 편이어서, 단어 자체에서 일어나는 음운 현상과 이 단어를 발화하는 개인의 속도와 특성이 반영되면서 듣기에 아주 어려운 발화 가운데 하나가 되어 버렸다.

이 소리와 더불어 서로 다른 단어가 축약과 탈락 현상들을 겪으면서 발생하는 약한 소리의 **연속된 음운 환경**이 되는 경우는 앞으로 배우게 될 여러 현상에서 보듯이 소리의 변화가 많아 어지간히 훈련하지 않고는 잘 듣지 못한다. 또 어떤 경우는 귀에 들리는 소리 자체로는 판단할 수 없는 소리의 경우에도 모국어 화자들은 상황 논리나 관용적인 용법을 기반으로 특정한 소리나 내용을 지목하기도 한다. 그러나 모국어 화자에 비해 이런 정보가 부족한 영어 학습자들의 경우에는 해당 내용을 알아듣는데 상당한 어려움을 겪기도 하고 때로는 학습의욕을 상실케 하는 극단적인 상황에 이르기도 한다. 이런 상황은 주로 어휘가 부족하고 또 원어민들과의 접촉이 없이 오랫동안 혼자서 학습한 학습자들에게서 두드러지게 나타난다. 이런 학습자들이 보여주는 특징은 문자를 자신만의 방식으로 기호화하여 기억하고 있으며, 당연히 자신이 기호화한 방식의 소리를 기대하고 있다는 것이다. 따라서 이런 초보 학습자의 경우 아주 기초적인 단어의 경우에도 원어민과는 동떨어진 형태로 기억하고 있으며 이에 대한 고정관념이 있어 차후에 교정 학습이 추가되지 않으면 이로 인해 오랜 시간 동안 어려움을 겪을 확률이 높다. 기초적인 단어의 경우에도 이럴진대, 학습 난이도가 높은 단어들의 경우에는 이런 문제들이 더더욱 심각한 문제로 부각된다.

첫 단락을 마무리하기 전에 또 한 가지 강조할 것은 우리가 학습하는 해당 언어의 소리를 이해하는데 어려움을 겪는 것은 앞에서 언급한 현상들이 독립적으로 한 가지씩 발생하는 것이 아니라 두세 개의 현상이 복합적으로 발생하는 데 있다. 우리가 모국어로 사용하는 한국어도 당연히 그런 문제들이 복합적으로 작용하지만, 다양한 정보를 활용할 수 있는 모국어에 비해 새로운 학습의 대상인 영어의 경우 같은 현상이 발생해도 그걸 받아들이고 소화하는 데 훨씬 많은 어려움을 겪는 것을 확인할 수 있다.

　우리가 이 책에서 공부하고 훈련할 것은 바로 이런 소리들과 관련된 다양한 사항이다. 그래서 이 책의 동영상은 여러분들이 그런 부분을 훈련하기 위해 보통 빠르기의 미국식 발음, 빠른 속도의 미국식 발음, 여러분이 어려움을 느끼는 영국식 발음 그리고 미국식 영어이면서도 또 차이가 있는 흑인들의 영어 발음을 다룰 예정이다.

　물론 이 과정들은 앞으로 세 개의 장으로 나누어 다룰 예정이다.

　가장 먼저, 영어 모국어 화자의 다양한 소리에 적응하는 과정으로 여러분을 인도할 예정이다. 영어 모국어 화자의 소리를 이해하기 위해서 필요한 기초적인 과정은 먼저 그들이 가장 빈번하게 사용하는 소리들에 익숙해지는 일이다. 이를 위해 첫째 소리 적응 단계로써 영어의 자음, 모음, 억양 및 리듬의 단계로 나누어 설명할 것이다. 둘째, 앞에서 익힌 소리들이 자연스럽게 발화되는 과정에서 벌어지는 현상을 이해하기 위해 규칙이해단계를 거치게 될 것이다. 두 번째 단계인 규칙이해의 단계는 혀끝을 이용한 동작(탄설음화), 축약과 탈락, 강형과 약형, 지역 또는 방언에 따른 변이, 그리고 마지막으로 호흡과 리듬의 변화로 생기는 경계 설정의 변화를 학습하게 된다. 이 목표를 달성하기 위해 여러분에게는 소리의 속도, 강약에 변화가 있는 소리들과 다양한 개인 및 방언의 다양성을 경험하는 기회를 제공해 드릴 예정이다.

　여러분은 다음 장에서 제시된 동영상 파일들을 듣고, 그 파일들에서 한국인 화자들이 가장 흔하게 범하는 오류들을 보고, 본인이 들은 것과 비교하고, 또 그 소리가 왜 그런 식으로 나는지 그 원리들을 추적해 볼 것이다. 아마 이 한 권의 책을 마무리할 때쯤이면, 그저 기계음처럼 들려오던 미드나 팝송에 귀 기울이고 있는 여러분을 발견하게 될 것이다.

CONTENTS

Chapter 1

소리 적응 단계

a. Consonants

[p, t, k, s, ʃ, ʧ, h] vs [b, d, g, z, ʒ, ʤ]

b. Vowels

* **Neutralization & non-accent : /a, e, i, o, u/ → [ə]**

    : assault weapons (Shapiro 2' 02")

    : Let's assume for (Peterson Dyson white 6' 08"/22' 05")

    : lucrative

* **Vowel key pronunciation: [ə, ou, ɔr, ɔ]**
    - boat; bore; bought
    - coat; coast; course; cost
    - dose; dorm; dawn
    - flow; floor; flaw
    - low; lord; law
    - toe; toward; taught
    - soul; source; sort; sauce
    - pose; port; pause
    - whole; hole; whore; hall

c. 리듬 & 억양 & Transition

- Tony Blair child poverty: 0' 16"

- BBC news Scotland's future 5 live: 3' 30", 14' 45"

- Owen Jones vs Black Interview

- Scottish accent/Irish accent

- Wisconsin accent/Alabama accent

Wisconsin:

Alabama:

- Scottish voice recognition elevator: 3' 36"

01 자음 적응 단계

영어를 학습하는 비모국어 화자들이 부딪히게 되는 첫 번째 장벽은 모국어와 다른 특성을 보이는 자음과 모음이다.

자음의 경우 성대의 진동 유무에 따라 무성음과 유성음으로 나눌 수 있고 또 발음 장소와 발음 방법에 따라 여러 가지 분류가 가능하다. 그 소리들은 소리의 흐름을 완전히 끊었다가 폭발하듯이 발화할 때 나는 소리(파열음)과 입천장과 혀 사이에 좁은 공간이 생기고 이 좁은 공간으로 소리가 통과하면서 나는 마찰음 그리고 소리가 끊어지는 현상과 마찰하는 현상이 함께 벌어지는 소리(파찰음), 그리고 자음이면서 동시에 자음 중에서 모음과 같은 속성을 가장 많이 가지고 있는 소리(접근음)로 크게 나누어 볼 수 있다.

비모국어 화자의 경우 영어 자음 중에는 우선 성대의 진동을 동반하지 않으면서 소리의 흐름이 끊어졌다가 마치 공기 덩어리가 터져 나오는 것과 같은 현상을 동반하는 무성 폐쇄음 'p, t, k'와 입천장과 혀 사이에 만들어진 좁은 공간을 공기가 통과하면서 만들어내는 마찰/파찰음인 'f, θ , s, ʃ, ʧ, h' 등의 소리 인식에 강점을 보인다. 또한 무성 폐쇄음이나 무성 마찰음만큼은 아니어도 유성 폐쇄음이나 유성 파찰음(b, d, g , v, ð, z, ʒ, ʤ, ŋ) 등에는 상대적으로 강한 모습을 보인다. 그러나 자음 가운데서 모음과 음의 특성이 유사한 부분이 많은 접근음 l, r, w, j 등과 같은 소리는 상대적으로 인식률이 떨어진다.

02

모음 적응 단계

모음의 인식의 경우 자음의 인식과는 달리 상대적으로 상당히 취약한 모습을 모인다. 모음의 근간을 이루는 5개의 모음 /a, e, i, o, u/ 의 경우 상대적으로 높은 인식률을 보이나 짧은 단모음과 몇몇 중화된 모음 또는 영어의 소리에 해당하는 한국어가 존재하지 않는 경우(ʌ, ɔ) 그 소리의 인식에 있어서 특히 취약한 모습을 보인다. 특히 이 소리들이 빠른 속도와 연계되어 소리의 특성이 변하거나 또는 지방 방언으로 인해 소리의 특성에 변화가 생긴 경우 더더욱 그 소리의 인식에 취약한 모습을 보인다.

또한 모음의 경우 발음 법칙 중 축약과 탈락 또는 음의 변화 등에 상당한 역할을 하는 데, 이런 변화가 반영된 소리의 인식에는 많은 어려움을 겪는다. 이런 어려움에도 불구하고 본인이 기존에 알고 있던 어휘나 소리에는 나름의 반응을 할 수 있지만, 본인이 알지 못하는 새로운 어휘나 두세 단어가 함께 한 덩어리의 소리로 발음되는 상황에서는 소리의 인식에 더더욱 취약한 모습을 보인다.

이중모음의 경우 한국인 화자들은 각각의 음들을 모두 동일한 길이와 세기로 발음하려는 경향과 이들 소리가 동일한 길이의 소리로 들릴 것을 기대하는 것으로 보인다. 이런 경향은 결국 소리를 인식하는 단계에서도 자신이 발음하는 것과 동일한 현상을 기대하게 하는데 한국인 학습자들의 기대와는 달리 모국어 화자들의 경우 이중 모음의 발음에 있어서도 소리의 대부분을 차지하는 주요 부분과 상대적으로 약하고 짧은 보조적인 소리(활음: glide)로 나누어 지지만 한국인 화자들의 경우 이중 모음의 약한 부분을 이해하는 데 많은 어려움을 보인다.

03 운율 및 리듬 적응 단계

 자음과 모음의 적응 단계를 거치고 나면 그다음 단계는 각각의 방언과 서로 다른 특성을 가지고 있는 운율 및 리듬에 적응하는 단계이다. 이 단계에 들어서면 다양한 사람들을 만나거나 다양한 배경을 가진 사람들의 동영상을 시청하는 등의 방법을 써서 부족한 부분을 보충할 수 있다. Tony Blair의 인터뷰에 나오는 부분(도입부분 0' 15")에서 역대 총리들을 소개하는 부분이 있는데, 이 부분의 경우 대부분의 한국인 학습자들이 제대로 알아듣지 못한다. 한국인 학습자들이 이 부분을 제대로 이해하지 못하는 이유는 몇 가지로 나누어 볼 수 있는데, 먼저 외국인의 이름이 익숙하지 않아 자신이 듣지 못한 것이 낯선 이름인지 아니면 모르는 단어인지 구분하지 못한다. 둘째, 낯선 이름에 연결된 소리가 개별단어인지 아니면 전체 단어의 일부인지 구분하지 못해 이해하지 못한다. 셋째, 이름에 이어서 연결되는 부분이 가지고 있는 고유한 리듬에 반응하지 못한다. 이로 인해 전체 문장의 의미를 파악하는 데 어려움을 겪는다.

 위에 적은 내용은 비단 영국식 영어의 억양에서만 발생하는 것이 아니고 미국에 사는 흑인들의 영어를 들을 때에도 동일한 현상을 경험할 수 있다. 미국 흑인들의 경우 자신들의 정체성을 위해 주류 백인들과 구별되는 자신들만의 억양과 리듬의 방식으로 의사를 전달하는데, 이 억양에 익숙하지 않은 화자들의 경우 이들의 대화를 이해하는 데 상당한 어려움을 겪는다. 이와 유사한 현상을 영국의 스코틀랜드 지역에서도 경험할 수 있는데, 영국인들과 달리 스코틀랜드인들의 발음과 억양은 우리의 기대와 달리 충분한 훈련이 없이는 알아듣기 힘들다.

 따라서, 영어를 모국어로 쓰는 원어민들과 원활한 대화를 하기 위해서는 가장 기초적인 접근법에서부터 고도의 다양한 억양에 대한 훈련까지 다양하고 충분한 그리고 깊이 있는 접근이 필요하다. 물론 이 모든 것들이 재미를 동반할 경우 보다 쉽게 극복할 수 있다.

Chapter 2

소리 법칙 이해

01
Flapping and Tapping

■ **Flapping (혀끝을 이용한 동작)**

    * **Odyssey; Pivotal; Ottoman; Strategy vs Strategic; Karate ; Alma mater**

위에 적어 놓은 단어들은 앞으로 설명할 현상들을 대표할 가장 대표적은 단어들 가운데 일부이다. 이 단어들에 대해 질문을 해보면 대부분의 사람들의 문자 위주로 단어를 기억하고 있어 실제로 사용되는 이 단어의 소리와는 상당한 차이를 보여주곤 한다. 결국 이 대화나 영상 중에 들리는 이 말을 알아듣지 못할뿐더러 이 단어를 사용해 의미를 전하더라도 본인이 전달하고자 하는 의미가 잘 전달되지 않을 가능성이 높다. 다음에 제시된 영상들 속에서 빈칸에 들어갈 말을 확인해보기 바란다.

영상을 시청하는 방법은 정상속도로 들어도 좋고 또 느린 속도록 들어도 상관없다. 다만 느린 속도록 들어볼 경우 0.5 배속 정도로 들어보길 권한다. 물론 YouTube에서는 0.75배속도 가능하지만 0.5배속 정도로 듣는 것이 학습에 더 도움이 될 것이다. 대화 속에서 듣는 것과 어휘 단독으로 듣는 것을 비교하는 것도 앞으로의 학습에 의미 있는 느낌을 제공해 줄 것으로 확신한다.

* 아래 연결된 동영상을 보고 빈칸을 채우시오.

TIP!

영상의 제목 옆에 표시된 숫자는 동영상 중 확인해야 할 부분으로 앞의 숫자는 영상의 '분' 단위를 뒷부분의 숫자는 영상의 '초' 단위를 표시한다. 단이 영상들을 시청할 경우 앞뒤 3~5초 정도를 같이 들어보면 단어의 소리뿐만 아니라 문맥정보도 들을 수 있어 더 도움이 될 것이다.

1. Who (   ) the gap for me

(Oprah acceptance speech 1998: 1' 43")

2. with (   )

(Oprah acceptance speech 1998: 1' 49")

3. (   ) than my imagination can hold

(Oprah acceptance speech 1998: 2' 26")

4. God (   ) given me

(Oprah acceptance speech 1998: 3' 03")

5. (　　　　　　) overseers

　　(Bill Gates & JK Rowling: 0' 53")

6. (　　　　　　) Philadelphia

　　(Obama speech on race: 0' 33")

7. (　　　　　　) character

　　(Emma vs Letterman: 2' 14")

8. played a (　　　　　　)

　　(Stiglitz inequality: 5' 15")

9. (　　　　　　) moment

　　(Bernie Sanders Oxford Union Debate: 20' 45")

10. say (　　　　　　)

　　(Emma vs Letterman: 0' 19")

11. say (   )

(Rai vs Letterman: 0' 10")

12. That doesn't really (   ) you.

(Cam'ron: 2' 57")

13. who have a (   )

(O'Reilly Factor Obama Sep 2008 Pt 1: 0' 46")

14. who have (   ) faith of Islam

(O'Reilly Factor Obama Sep 2008 Pt 1: 0' 52"/7' 41")

15. same (   ) of the same ideology

(O'Reilly Factor Obama Sep 2008 Pt 1: 1' 42"/7' 41")

16. Harold Macmillan (   )

(Tony Blair child poverty: 0' 16")

17. If you really want to solve, (   )

(Morgan Shapiro owned: 6' 09"/14' 04")

18. If you really want to solve, (   )

(Moore vs O'Reilly: 3' 02")

19. If we didn't (   )

(Moore vs O'Reilly: 0' 20")

20. We've not (   )

(Moore vs O'Reilly: 0' 27")

21. What (   ) this why

(Eye to Eye Al Gore: 0' 05")

22. to all who have the (   )

it (McCain concession speech: 1' 43"/15' 01")

Oprah Winfrey Acceptance Speech 1998(1' 02"~3' 27")

(아래 원고는 이 동영상을 시청한 학습자들이 잘 들리지 않는 부분을 자신들에게 들리는 대로 적어놓은 원고이다. 원고에서 볼 수 있는 것처럼 대부분의 학습자들이 동일한 부분에서 어려움을 겪고 있음을 알 수 있으며 또한 그로인해 발생하는 오류도 크게 다르지 않음을 알 수 있다. 동일한 소리에 대해 서로 다른 반응을 살펴보다 보면 자신의 반응과 동일하게 반응하는 흥미로운 경우도 발견할 수 있다. 다만 그 어려움의 정도와 영어 소리에 대한 숙련도의 정도에 따라 반응된 양식이 상이할 다름이다.

(Oprah Acceptance
연설 중에서)

이 영상을 선택한 이유는 혀끝을 이용한 발음을 익히는 데 적합한 단어들이 다른 동영상에 비해 높은 빈도로 나타나고 있기 때문이다. 해당되는 단어들을 찾아보는 것도 또 하나의 즐거움이 될 것이다.

Thank you

This is a, this is certainly one of **(the life's)**(life's)(life's) full circle moments for me.

Because it's... it's so true. **(it shows truth.)**(It's so true.)

Uh... we are all beacons of each light for other **(of light for each other)**, and I'm grateful that Barbara Walter was there for me to see that beacon of light to become all that I could be today.

Thank you Ms. (Miss)(mrs.) Barbara, thank you.

I want to thank to**(to x ->the)** Harper (Harpo)(of) (Heartful) family (and) I want to thank (the) Kingworld (King roll)(King Wall)(?)(the Kingrole) family,

I want to thank everybody who had 널츄드**(nercherd???)(has nurtured)**

(nurtured)(has nurtured) me, who stood in the gap for me, (stayed many years, the sweatest man.)(stood me in the gap for me)

(stand in your the swewtest man)

Steadman you are the sweetest man, With with the greatest integrity **(you get the greatest integrity)** (Statman, you're the sweetest man.)

Thank you for helping me to be everything that I am and all that **(has to come)**is to (used to)(is to)(is to) come.

(With the greatest integrity, thank you for helping me to be everything that I am, and all that is to come.)

Thank you Gale, thank you Maya, thank you all(.)

You know when I, from the beginning, from the beginning, being a colored being **(being a colored and)**

(being colored than)(being a bolored then)(being colored than)(being colored and)negro, then **(and)**(and)black then (blacked and) african-american child,

(being a colored than Negro than black than African-American child,)

Uh, um, growing up(of)growing at the)(in)Mississippi my prayer was, for (for 생략)(for) as long as I (can't)(can)(can)(can) (can) remember,

God use me. use me. Use this life. I don't know what (the) future holds(hopes)(holds)

(hopes)(holds)for me,

but I know that there is a vision for my life that is greater than my imagination can hold.

Use me use me. (Use me. Use me.) What would you have me to do.(?)

And that dream, that desire, that prayer brought me somehow to television and to be able to use this tremendous vehicle of television,

to go into people's homes and somehow be able to touch their lives and to be the beacon that barbara was for me.

To (~me, to) be a light of (a) hope and (an) understanding, (be a light, a hope, an understanding,) to share some sense of (sensible)(sense of)(sensible) (sense of) illumination.

That (~illumination that) maybe sometimes reflex(reflects)(reflex)(reflects)(reflect) people's lives and sometimes opens it (them) (them)(them x)(opens them) up to themselves, is (it's) the greatest blessings(blessing) God could have given me.

And I want to continue to use television as we become more polarized(polarize)(polarized) in this medium.

I choose to (use it and)(use it,)(use it. And)(use it in(use it. In)(use it, in) whatever way I can, we can(,) to make people lead better lives, to lead them to (the)highest vision possible for themselves (.) that (That) is the goal,(,->X)I thank (you) for this award because it encourages me to run on(all) and see what the end will be.

Thank you

■ 자음 적응 단계

· everybody

(Oprah acceptance speech 1998: 1' 41")

· stood in gap for me

(Oprah acceptance speech 1998: 1' 43")

· sweetest

(Oprah acceptance speech 1998: 1' 45")

· greatest

(Oprah acceptance speech 1998: 1' 50")

· integrity

(Oprah acceptance speech 1998: 1' 50")

· greater

(Oprah acceptance speech 1998: 2' 29")

· better

(Oprah acceptance speech 1998: 3' 18")

· God could have given me

(Oprah acceptance speech 1998: 3' 03")

· board of overseers

(Bill Gates Speech at Harvard: 0' 54" vs J. K. Rowling: 2' 24")

· Odyssey

· pivotal character

(Emma vs Letterman: 2' 14")

· same part and parcel of the same ideology

(O'Reilly Factor Senator Obama Sep 2008: 1' 42")

· distorted ideology

(O'Reilly Factor Senator Obama Sep 2008: 0' 46")

· If we didn't edit it

(Moore vs O'Reilly: 0' 20")

· We've not edited it

(Moore vs O'Reilly: 0' 27")

앞에 열거한 소리 중 'God could have given me'까지의 소리는 Oprah의 연설 가운데 일부분이고 'board of overseers'라는 문장은 Bill Gates의 Harvard 대학교 졸업식 연설 가운데 일부분이다. Oprah의 경우 수상식 소감으로 행한 이 연설의 약 2분여 초간의 시간 동안 북미식 발음을 이해하는 데 결정적인 역할을 할 수 있는 이와 같은 발음을 최소한 13번 정도는 이와 같은 방식으로 발음하고 있다. 이 발음들의 음성 특성은 우리가 흔히 혀를 굴린다고 표현할 때 나오는 발음들이다. 그런데 이 발음들이 중요한 이유는 적어도 북미식 발음을 이해할 때 이 정도의 소리들이 왜 그렇게 발음되는지 알아놓으면 앞으로 배우게 될 다른 단어들의 소리를 이해하는 데에도 많은 도움이 될 것이다. 특히 북미식 영어에서는 워낙 발생하는 빈도가 높아 잘 알아두어야 한다. 그 이유는 여러분들이 이미 알고 있는 단어들 중에서 많은 단어들의 소리를 기억하고 있겠지만 여러분이 소리로 기억하지 못하고 문자로만 남아있는 단어나 아니면 의미를 새롭게 알게 되거나 소리로 처음 그 단어를 접하게 될 때 여러분은 기대와 다른 그 소리에 당황할 수 있다.

이제부터 그 비밀스러운 부분을 확인해보도록 하자.

위에 열거한 단어들 또는 문장들의 소리에는 도대체 어떤 비밀이 숨어 있을까?

북미식 영어에서는 영어 철자들이 특별한 환경에 놓이면 다음과 같이 발음하는 원칙이 있다. 그 원칙을 탄설음화라고 하는 데, 이는 영어 철자 가운데 /d/ 나 /t/가 모음과 모음 사이에 위치하고 또 이들 철자 가운데 두 번째 모음에 강세가 없을 때 우리가 목격할 수 있는 그런 현상들이 발생한다. 하지만 이것은 논리적이고 원칙적인 설명이고 원어민 화자들의 경우 이런 원칙에 관한 특별한 의식 없이 이런 단어 혹은 문장들을 자연스레 소화하고 있다. 그런데, 이런 내용들이 우리와 같은 비모국어 화자에게 중요한 이유는 우리가 학습을 통해 또는 영화나 영상 등을 통해 처음 접하게 되는 그 낯선 단어들 가운데 적지 않은 단어가 바로 이런 이유 때문일 수 있고, 바로 그 이유 때문에 비모국어 화자로서 이런 현상에 대한 지식이 있으면 미처 소리로 접하지 못했던 단어들의 발음도 어느 정도 예상할 수 있기 때문이다. 앞으로 이 책의 학습을 통해 이 원칙을 이해하게 되면 앞에서 제시한 단어들 가운데 일부 단어는 여러분에게 익숙한 단어이기 때문에 여러분이 쉽게 듣고 발음할 수 있을 것이고, 어떤 단어들의 경우는 여러분의 예상을 벗어나 그때 그렇게 들렸던 단어가 바로 이 단어였어 또는 이 단어를 이렇게 말하는 거였어 라는 전혀 다른 새로운 인식에 도달할 수 있을 것이다.

이번 장에서는 다양한 환경 속에서 발생하는 탄설음화에 현상에 대해 공부해 보기로 하자.

아래 단어들을 조심스럽게 발음해 보자.

혹시 어떤 차이점들을 느낄 수 있는지 아니면 아무런 차이도 느껴지지 않는지?

- **Water: City**
- **Dirty: Thirty**
- **Battle: Cattle**
- **Subtle**
- **Atom(at home): Atop**
- **Atomic: Automatic**
- **Photograph: Photographer**
- **Monotone**
- **International: intentional**
- **Pivotal**
- **Odyssey**
- **Prodigy**

생소한 단어의 소리를 이해하는 데 가장 좋은 방법은 자신에게 생소한 단어의 발음을 알아보는 데 있다. 모국어 화자의 발음을 통해 들어보고, 들은 단어와 본인의 발음을 비교해 봄으로써 새로운 단어를 제대로 이해했는지 확인하는 것이다. 최근에는 스마트폰이나 온라인 사전을 활용해 모국어 화자의 발음을 확인할 수 있어서 조금이라도 궁금하거나 의심스러운 단어의 발음은 꼭 확인해 볼 것을 권장한다. 이렇게 공부하는 것이 처음에는 더딘 것 같으나 시간이 갈수록 학습 시간이 빨라지고 학습에 가속도가 붙는 자신의 모습을 볼 수 있을 것이다.

이제 본격적으로 개별 단어들에 발생하는 원칙을 조금 더 꼼꼼하게 살펴보도록 하자.

Subtle

위에 나열한 단어들을 통해 한국인 학습자들의 발음 및 그들의 발음으로부터 예측할 수 있는 듣기를 할 때 발생하는 문제들을 해결해보자. 위에 나열된 단어들 가운데 처음 몇 쌍의 단어들은 이미 익숙하기도 하고 또 빈도가 높은 단어들이어서 해당 단어들을 발음하는 데 별 부담을 느끼지 않겠지만, 조금은 생소한 단어인 네 번째인 'SUBTLE' 발음부터는 한국인 학습자들의 발음이 모국어 화자의 발음과 확연한 차이를 보여준다. 특히 학습자들의 학습 수준에 따라 이 단어에 대한 발음 양상이 다른 형태로 나타나고 이런 발음의 차이점들은 고스란히 듣기에 반영되는 것으로 판단된다. 이 단어의 발음과 이 단어의 듣기가 문제가 되는 것은 이 단어의 철자와 발음의 차이에서 벌어지는 현상을 한국인 학습자들이 자신의 학습 수준에 따라 예측할 수 있는 정도가 다르기 때문이다. 또한 이 단어의 발음에 작용하는 현상은 묵음과 탄설음화 같은 두 가지 이상의 현상이 동시에 발생하고 있는데, 이를 모르고 이 단어를 문자적으로 기억하고 있는 화자의 경우 실재로 들려오는 소리에 정확하게 반응하는 것이 어려울 수밖에 없고 또 그렇게 반응하는 것이 어찌 보면 당연할 수도 있다. 더 자세한 것은 바로 다음에 설명을 하겠지만, 영어의 자음 가운데 일부의 소리가 부드러워지거나 또는 철자와 달리 일부의 소리가 탈락하는 현상이 함께 일어나면서 단어 전체의 소리를 바꾸어 버리는 데 바로 이런 현상들이 'SUBTLE'이라는 단어에 함께 작용하고 있다.

SUBTLE 다음에 짝지은 단어들은 서로 비슷한 것 같으면서도 소리가 달라지고 있다. 여러분이 정신을 바짝 차리고 들어보고 소리 내 보아야 하는 단어들이다. 경우에 따라서는 **ATOM-ATOMIC**처럼 같은 어근에서 유래했는데 중간의 발음이 전혀 달라지는 경우도 있다. 여러분이 이미 짐작하고 있겠지만, 바로 탄설음화가 적용되느냐 아니면 그렇지 않느냐에 따라 발음일 달라져 버린 예이다. 그 밖에 **MONOTONE**이나 **INTERNATIONAL: INTENTIONAL**와 같은 단어 쌍들도 여러분이 주의 깊게 살펴봐야 할 단어들이다. 이 단어들에는 한 단어에 강세가 두 개 이상이 있거나, 아니면 단어의 구성성분 가운데 일부가 탈락함으로써 여러분이 듣게 되는 그런 소리로 들리기 때문이다.

Principle:

1. **Alveolar stops become voiced taps when they occur between two vowels the second of which is unstressed.**
2. **Alveolar stops and alveolar nasal plus stop sequences become voiced taps when they occur between two vowels the second of which is unstressed.**
   (Ladefoged, 2006)

설명: 영어의 자음 중 /t/ 나 /d/음이 모음과 모음 사이에 있고, 두 번째 모음에 강세가 없을 경우, 모음과 모음 사이에 있는 /t/ 나 /d/음을 우리말의 /르/ 나 /드/처럼 발음하는 원칙

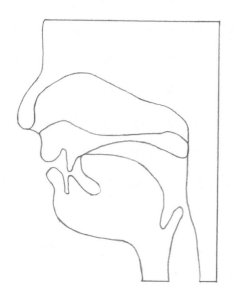

그림 1 /t/, /d/ 발음할 때 혀의 모습

이번에는 사전이나 이 단어가 포함된 동영상 등을 통해 직접 들어본 다음 다시 한번 소리의 변화를 추적해 보도록 하자. 어떤 소리들은 귀에 익숙할 것이고, 어떤 소리들은 예상과 다르게 쉽지 않을 수 있다. 그 이유는 이 소리들에는 원어민들의 발음 원칙과 지역 또는 인종에 따른 변화가 반영되어 있기 때문이다. 또 하나 문제가 되는 것은 대부분의 한국인 화자들이 영어로 들은 것을 자신이 익숙한 한국어의 발음 가운데 찾기 때문이다. 앞으로 이런 부분들을 하나씩 공부하기로 하자.

우리의 학습 방법은 다음과 같다.

1. 먼저 동영상을 보고/듣는다.
2. 그 동영상의 소리들을 모두 적는다. (단 한 부분도 빼놓으면 안 된다. 혹시 들리지 않는 부분이 있으면 최대한 반복한 후 비슷하게 들리는 단어로라도 적어야 한다. 만약 그것마저도 힘들다면 한글로 소리 나는 대로 적어보자.)
3. 제시된 원고와 자신의 소리를 비교해 본다. (어쩌면 원래 원고와 자신의 원고가 터무니없이 다를 수도 있겠지만, 자신이 적은 한글 원고와 원래 영어 원고가 굉장히 비슷하다는 사실을 발견할 수 있을 것이다.)

만약 여러분의 원고와 정답으로 제시된 원고에 차이가 있다면 그런 결과가 초래된 몇 가지 이유가 있을 것이다. 첫째, 여러분이 단어를 문자 또는 철자로는 기억하고 있겠지만 그 단어가 그렇게 소리 나는지 전혀 모르고 있을 수 있다. 가장 극단적인 예로 **'XERXES'**와 같은 단어를 들 수 있다. 이 단어는 워낙 철자와 단어의 차이가 큰 단어이다. 그래서 한글의 뜻으로 이 단어를 기억하고 있는 사람들은 원어민 화자의 이 단어를 들었을 때 무슨 소리인지 잘 알아듣지 못할 수 있다. 그보다 규모가 큰 단어들 가운데는 'TWO TO ONE' 같은 단어인데 리듬의 차이가 있을 수 있지만, 'TRUE ONE'와 비슷한 효과가 있어 준비하고 있지 않으면 순간적으로 놓치기 쉬운 단어이다. 둘째, 여러분이 영어 단어를 아예 모르고 있을 때에는 당연히 전혀 못 알아들을 수밖에 없다. 그래서 여러분이 알고 있는 쉬운 단어와 모르는 단어가 한 데 섞여 있으면 그 단어는 여러분이 전혀 접해보지 않은 새로운 단어가 되고 그래서 그 부분을 전혀 알아듣지 못하게 된다. 그런 예 가운데 하나가 미국의 대통령 후보였던 John McCain의 후보 사퇴연설에서 'BIGOTRY'라는 단어가 등장한다. 그런데 이 단어가 흔히 들을 수 있는 단어가 아니기 때문에 많은 학습자들이 이 단어를 알아듣지 못한다. 그래서 나중에 이 단어를 어떻게 알아듣는지 확인해보면 소리 현상이 비슷한 'BIGGER TREE'처럼 알아듣기는 하지만 자신들이 들은 이 단어가 전체 맥락과 동떨어진 내용이기에 궁금해하는 모습을 볼 수 있다. 왜냐하면 BIGOTRY를 직접 발음해 보면 'BIGGER TREE'의 음향 효과와 비슷하기 때문에 그렇게 알아듣는 것이 오히려 자연스러운 일이다. 셋째, 여러분이 단어를 알고 있어도 여러 단어들이 모여 관용적으로 사용되는 경우라면 역시 소리만 들을 뿐 무슨 의미인지 전혀 알아듣지 못한다. Randy Paush 박사의 'The Last Lecture' 가운데 나오는 대사 중에 **'There is an elephant in the room'**이라는 문장이 있는데, 이 가운데 'elephant'라는 단어는 너무나 쉬운 단어이기는 하다. 하지만 갑자기 **elephant**라는 단어가 문맥과 상관없는 곳에 나오는 것 같으니 이 단어를 들은 사람도 자신이 들은 것이 진짜 elephant 인지 의심하게 된다. 왜냐하면 'elephant in the room'이라는 구절의 의미는 **'너무나 명백한 사실이 있는데 애써 모른 척 외면하는 경우'**를 의미하는데 이를 알고 있지 못한 청자는 자신이 정확하게 들었던 소리마저 의심하게 되는 경우이다. 이런 이유로 아무리 쉬운 단어로 구성된 대화라도 관용적 의미를 가지고 있고, 청자가 이를 제대로 알고 있지 못하면 소리만 듣고 의미를 놓치게 되는 경우이다. 넷째, 말의 속도가 빨라지면 너무나 당연하게도 역시 잘 알아듣지 못한다. 이는 발화의 속도가 빨라진다는 것은 철자로 제시되는 모든 소리를 그 철자가 가지고 있는 음가대로 발음하는 것이 아니라 그 가운데 일부를 원칙에 따라 취사선택해서 발화하게 되기 때문이다. 그런데 중요한 것은 아무리 말이 빨라져도 앞에 언급한 명사, 동사, 형용사, 부사 등은 상대적으로 별 지장이 없다. 이에 비해 가장 듣기가 어려워지는 것은 관사(a, the), 접속사(and, or 등), 조동사(축약된 will, have, would 등), 그리고 강세 없이 시작하는 첫음절의 단어 등과 같이 단어 고유의 발음들을 간직하지 못하고 여러 가지 이유로 인해 소리에 변화가 생긴 단어들의 경우 알아듣기 어렵다. 보통 모국어 화자들이 빠른 속도로 말을 할 때는 1분에 **210개** 단어 정도를 말하는 것으로 알려져 있다. 그리고 원어민 화자가 연설할 때 보통 **170개** 단어 정도를 말하는 정도로 알려져 있으며, 우리가 수능 듣기 평가에서 듣는 영어의 경우 1분에 **140개** 단어 정로를 듣는 것으로 알려져 있다. 이 모국어 화자들의 경우와 비모국어 화자들의 경우를 비교해 보면 1분에 20~40개 정도의 단어 차이가 나는데, 이 정도 속도의 차이가 나는 단어들이 한 곳에 모여 있는 것이 아니라 대화의 곳곳에 퍼져 있으니 당연히 여러분이 듣기가 어려워지는 것이 정상이다. 다섯째, 대부분의 한국인 학습자들이 듣기 어려워하는 것이 영국식 발음이다. 이 책에서 다룰 것 가운데 하나가 영국의 총리였던 Tony Blair의 인터뷰인데, 학습자들이 여기서 다루어진 동영상들 가운데 가장 어려웠었더라는 평을 하곤 한다. 듣는 데 시간도 많이 들을뿐더러 아무리 들어도 소리를 도대체 알아들을 수 없다고 한다. 그 이유는 우리가 흔히 학교에서 듣는 영어와 주변에서 들을 수 있는 영어가 지나치게 미국식 영어에 치우쳐 있기 때문이다. 당연히 들어본 적이 없는 소리를 이해한다는 것은 논리적으로도 성립하지 않는다. 쉬운 비유를 들어보면 아무리 우리말을 잘하는 사람도 제주 방언을 들으면 무슨 말인지 잘 알아듣지 못하는 것과 마찬가지 이유이다. 요즘 제주도에서는 60~70세 정도의 어르신 세대와 10대의 손자, 손녀 세대 간의 의사소통을 위해서 중간에 있는 부모세대가 제주 방언을 통역해 준다는 기사를 본 적이 있는데, 아마 어휘나 억양 등에서 발생하는 차이를 영국식 영어와 미국식 영어의 차이에도 일부는 적용해 볼 수 있을 것이다. 하지만 이 문제도 결국 생각해보면 조금 연습을 미리 해보고 나면 해결할 수 있을 텐데, 사전에 연습이 없으니 알아듣기 힘든 것이 정상이다.

이와 비슷한 또 하나의 중요한 예가 미국에서 흑인들이 사용하는 영어이다. Tony Blair의 영국식 영어만큼이나 흑인들의 영어도 쉽지 않은 부분이 있는데, 이 교재에서 사용하는 영어는 미국의 힙합가수 Cam'ron의 인터뷰 장면이다. 미국에 사는 흑인들의 영어가 백인들의 영어와 차이가 나는 이유는 미국에서 있었던 역사적인 사실에도 기인하지만, 흑인들이 자신들만의 공동체와 정체성을 유지하기 위한 하나의 방편이기도 하다. 그래서 처음 흑인의 영어를 들어보는 한국인 학습자들의 경우 알아듣는 단어와 못 알아듣는 단어가 너무나 명백하게 나누어진다. 잘 알아듣지 못하는 단어의 경우 흑인들만의 고유한 원칙이 있는데, 이를 알지도 못하고 또 연습해본 적도 없으니 못 알아듣는 것이 당연하다.

이제 본격적으로 앞에서 언급한 내용을 살펴보기로 하자.

아래 언급하는 것은 우리가 흔히 탄설음화라고 부르는 것으로 혀끝과 치아 뒤 잇몸 부분이 만나면서 만들어지는 현상이다. 그림에 그려진 것을 본인이 의식할 수는 없을지라도 아래와 같은 방식으로 발음된다는 것을 아는 것은 전체적인 현상을 이해하는 데 큰 도움이 될 것으로 기대한다.

원칙 확인: 탄설음화(flapping)-모음과 모음 사이에 있는 /t/ 또는 /d/는 혀가 이빨 뒷부분 잇몸을 살짝 건드리는 듯한 형태로 발음함. (아래 그림 참조)

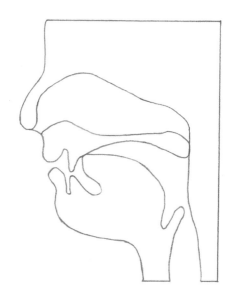

그림 2 /l/. /d/ 발음할 때 혀의 모습

먼저, 이 발음들을 익혔으면, 실전에서 어떻게 들리는지 확인하기 바란다. 한 개의 단어로 구성된 경우 더욱 듣기 쉬울 듯하다. 그러나 이장의 첫머리에 보여준 단어들 가운데, **subtle** 단어 같은 경우 대부분의 학습자들이 탄설음화의 원리를 적용하여 제대로 발음하지 못한다. 그 이유는 앞에 보이는 묵음 /b/ 와 모음처럼 발음되는 /l/ 때문이다.

SUBTLE [sʌ́tl]

의문점: Subtle[sʌ́tl]은 어떻게 발음되나?

이 단어의 발음을 이해하는 데 가장 중요한 역할을 하는 것은 이 단어의 철자 중 /b/가 소리나지 않는다는 것과, /l/이 모음처럼 발음되는 것을 안다면 'súbtle'이라는 단어는 'wáter'라는 단어의 조건과 같아지는 것을 알 수 있다. 즉 강세를 받는 모음과 강세를 받지 않는 모음 사이에 /t/ 또는 /d/가 들어가 있는 조건인 것을 알 수 있다. 그리고 두 번째 모음에 강세가 오지 않으니 이는 **wáter**의 경우와 똑같은 조건이 된다. 이럴 경우 /t/나 /d/는 우리가 말하는 혀끝이 이빨 뒤의 잇몸을 가볍게 치고 가는 탄설음이라는 현상을 일으키게 된다.

MONOTONE [mɑ́nətòun]

의문점: monotone[mɑ́nətòun]은 왜 '모노런'이 아니고 '모노톤'일까?
비밀: 영어에는 한 단어에 두 개의 강세가 있을 수 있다.

의문점과 비밀에서 볼 수 있는 것과 같이 영어의 경우 한 단어가 여러 개의 음절, 즉 모음이 여러 개가 있는 긴 형태의 단어가 되면, 그 단어는 가장 중요한 역할을 하는 주 강세와 보조적인 역할을 하는 보조 강세가 존재하는 2개의 강세를 가질 수 있다. **mónotòne**의 경우가 그런 경우인데, **첫음절인 -mo-에 주 강세가 있고, 두 번째 강세는 단어 중의 -to- 위에 있게 된다.** 이럴 경우 단어를 구성하는 개개의 음절들 가운데, -to- 위에는 강세가 들어있어 비록 /t/가 모음과 모음 사이에 있지만 약하게 발음되는 것이 아니라 마치 **'tóp'**를 발음할 때 느껴지는 것과 같이 공기가 막혀 있다가 바깥으로 뿜어져 나오는 현상을 동반하는 데, 이렇게 공기를 바깥으로 뿜어내는 동작을 동반하는 발음은 약해지지 않는다.

잠깐: 영어의 무성음 p, t, k가 바로 다음에 이어지는 모음에 강세가 있으면 말을 할 때 많은 양의 공기를 바깥으로 내뿜는 현상을 동반함. 그래서 대부분의 발음이 강하게 느껴짐.

이 현상에서 또 하나 주목해야 할 것은 단어 가운데 /t/ 나 /d/가 오는 것을 보는 것도 중요하지만, 이와 더불어 이 음들과 더불어 강세의 위치가 어디에 있는지를 단어를 외우는 순간부터 잘 살펴야 할 문제라는 것이다. 이와 더불어 이렇게 익힌 강세를 말을 할 때 자신의 발음에 동반할 수 있도록 하는 것이 중요하다.

일반적으로 한국인 학습자들의 경우 음의 강세와 음의 높이를 잘 구분하지 못하고 또한 강세를 받은 음절의 길이가 원어민 화자들에 비해 상대적으로 짧은 탓에 본인이 전달하고자 하는 단어를 잘 전달하지 못하는 경우를 흔히 발견할 수 있다. 물론 화자 자신은 이를 잘 인식하지 못하는 경우가 많다. 강세를 받는 부분을 알맞은 길이로 발화하는 것은 듣기에 있어서도 아주 중요한 문제인데, 원어민 화자들의 경우 모든 음절을 같은 간격으로 발화하는 것이 아니어서 특히 강세를 받는 음절의 주변을 잘 들을 수 있는지가 영어 듣기의 성패를 좌우하므로 이 부분은 한국인 화자들이 특히 신경을 써야 할 부분이다.

INTERNATIONAL [ìntərnǽʃənl]

'인터내셔날'이 맞을까 아니면 **'이너내셔날'**이 맞을까?

이 단어는 우리가 익히 알고 있는 발음이다. 어떤 사람은 인터내셔날이라고 발음하고 또 어떤 사람은 이너내셔날이라고 발음한다. 이 발음의 비밀은 /n/ 다음에 있는 /t/ 음을 어떻게 처리하는가에 달려 있다. 인터내셔날이라는 발음은 단어에 나와 있는 음들을 생략하지 않고 정확히 발음한 것이지만, 두 번째 이너내셔날이라고 발음하는 것은 이 단어를 멋을 내어 발음하는 것이 아니고, 이 단어의 세 번째 음인 /t/ 음을 생략해서 발음할 때 생기는 현상이다. 그런데 주의할 것은 영어 단어 가운데, 존재하고 있는 철자를 아무 때나 마음대로 생략하는 것이 아니라 단어 가운데 탈락시킬 수 있는 철자가 정해져 있다는 사실이다. 이 단어의 경우 바로 /t/ 음이 탈락할 수 있는 철자이다. 탈락 규칙에 따라 /t/ 음이 탈락하고 나면 남아있는 /n/ 음이 마치 water의 /t/ 음처럼 강세를 받는 모음과 그렇지 않은 모음 사이에 있게 되며 또한 두 번째 모음이 강세를 받지 않아 /n/음을 발음하는 것이 마치 water의 /t/음을 발음하는 것과 같은 양상이 된다.

INTEGRITY [intégrəti]

Steadman you are the sweetest man, With with the greatest integrity (you get the greatest integrity) (Statman, you're the sweetest man.) (1' 45")

(Oprah Acceptance
연설 중에서)

왜 앞의 /T/는 뒤의 /T/와 다르게 발음되는 걸까?

이 단어를 들어보면 영어의 강세가 얼마나 중요한 역할을 하는지 알 수 있게 해준다. 이 단어는 **MONOTONE**의 경우와 마찬가지로 앞의 /T/에 동반된 모음에는 강세가 있는데, 뒤의 /T/가 동반된 모음에는 강세가 없다. 이럴 경우 같은 /T/라도 서로 다른 형태의 발음이 되게 된다. 강세를 동반하고 있는 /t/음의 경우 공기가 폐로부터 뿜어져 나오는 현상을 동반하지만 강세를 동반하고 있지 않은 /t/음의 경우 강세를 동반했을 때보다 뿜어져 나오는 공기의 양이 약해지는 현상을 동반한다. 이 차이가 전체적인 발음의 차이로 나타나게 된다.

Atom[ǽtəm] : Atomic[ətámik]

이 두 단어의 발음은 강세의 위치로 인해 극명하게 차이가 나는 단어이다. 만약 한국인 학습자들이 강세의 위치와 /t/ 음의 관계를 알고 있다면 쉽게 해결할 수 있는 단어이지만, 만약 그렇지 못한 경우 이 단어의 발음은 어색할 수밖에 없으며 또 어떻게 발음해야 하는지 알지 못해 상황에 따라 그 발음이 달라질 것이다. 더군다나 이 발음을 듣는 경우에 있어서도 자신이 예상하고 있는 소리와 실제로 들려오는 소리가 다를 경우 적잖은 어려움을 겪을 수밖에 없다. 그런 의미에서 단어의 강세와 탄설음화(flapping) 현상 사이의 원리를 익히는 것은 생각하는 것 이상으로 중요한 역할을 한다.

STOOD IN [stúdin] (1' 43")

I want to thank everybody who had 널츄드(nercherd???)(has nurtured) **(nurtured)**(has nurtured) me, who stood in the gap for me, (stayed many years, the sweatest man.)(stood me in the gap for me)

이 단어는 앞에서 본 water 나 그 밖의 단어와 전혀 다른 환경인 것처럼 보인다. 그러나 이 단어를 발음하는 비밀은 다른 곳에 있다. 즉 **'water'처럼 발음하는 것은 한 단어 안에서만 일어나는 것이 아니라 단어와 다음 단어 사이에서도 일어날 수 있다.** 이 단어를 그냥 보면 stood란 단어와 in 이란 단어가 따로 존재하지만 이 단어를 한 개의 단어로 보면 **'STOODIN'**과 같은 단어처럼 되는 데, 이 단어의 구조를 살펴보면 단어 가운데 있는 /d/ 음이 마치 water와 같이 모음과 모음 사이에 있으며 두 번째 모음이 강세를 받지 않아 마치 **water**의 /t/ 음과 동일한 조건에 있게 되는 것을 알 수 있을 것이다. 그래서 이 단어를 발음할 때에는 마치 water와 같은 방식으로 발음할 수 있으며, 또 이 단어가 연달아 소리가 날 때는 뒤에 있는 **in**이라는 단어가 마치 앞에 있는 단어와 한 단어인 듯한 모습으로 소리가 나서 최종적으로 우리가 듣게 되는 형태로 들리게 되는 것이다. 그래서 이 단어는 잘못 들으면 다른 단어를 들은 것처럼 듣게 되거나, 또는 본인이 직접 발음할 때 이 단어를 제대로 발음하지 못하면 영어의 리듬이 깨져 제대로 된 발음을 할 수 없다.

GOD COULD HAVE GIVEN ME(3' 03")

That (~illumination that) **maybe sometimes reflex(reflects)(reflex)**(reflects)
(reflect) people's lives and sometimes opens it (them) (them)(them
x)(opens them) **up to themselves, is** (it's) **the greatest blessings**(blessing)
God could have given me.

위의 문장은 'stood in'처럼 단어와 단어 사이에서 발생하는 경우이다. 그런데 한 가지 더 주의해야 할 것은 'could have'에서 have라는 단어의 /h/ 소리가 탈락되어 water와 같이 모음과 모음 사이에 있는 조건과 똑같은 조건이 된다. 따라서 이 단어의 경우에도 탄설음화가 적용될 수 있는 상태가 된다. 일반적으로 앞에서 본 것과 같이 영어 단어를 발음하는 경우에는 다양한 탈락 현상이 동반되는 데 이 현상을 이해하는 것도 영어 단어를 발음하고 또 발음된 말을 이해하는 데 중요한 역할을 한다. 이번 문장의 경우 단어 앞에 있는 /h/음이 탈락되었는데, 영어의 경우 대명사인 his, her와 같은 단어의 /h/음이 자주 탈락하고 또 일반 단어의 경우에도 나라에 따라 또 지역에 따라 단어의 앞에 오는 /h/ 음을 자주 탈락시킨다. 만약 이 현상을 이해하지 못하면 그 단어들을 제대로 이해하고 발음하는데 상당한 어려움을 격을 수밖에 없다. 그래서 이런 현상을 이해하는 것이 영어를 발음하거나 이해할 때 아주 중요한 역할을 한다. 영어의 탈락에 관한 현상은 이 현상들만을 따로 모아서 뒷장에서 다룰 예정이다.

발음/듣기

아하 탄설음화는 단어 내에서 뿐만 아니라 단어와 단어 사이에서도 발생할 수 있구나.

Bill Gates Speech at Harvard

(아래 원고는 **Bill Gates**의 연설에 등장한 여러 학습자들의 오류를 모아 놓은 것이다. 동일한 단어에 서로 다른 색깔의 단어가 등장한 것은 서로 다른 학습자들이 자신의 경험을 바탕으로 정답으로 생각되는 것을 적어 놓은 것이다. 이 연설을 들어 본 후 학습자 본인의 정답과 비교해 보는 것도 흥미로울 것이다.)

Thank you, president Pak(bok) **(Mark)** (Bark)(Mark)(park), former president Rudenstine **(Woden stain)**(Ludestein)(Rudenstein)(Rudenstein), incoming president Faust, members of **(the)(the X)** Harvard cooperation(corperation)**(corporation)**(corporation) **(corporation)** and the board of overseers (the seers)**(overseers)**, members of **(the)**faculty. Parents, and especially, the graduates.

I have been waiting more than 30 years to say this.'Dad, I always told you I'd(I'll)**(i'll)** come(had come ->come)**(I come)** back and get my degree'. I want to (wanna) thank to **(to→X)(to)**(to->X)**(to-> X)**Harvard for this honor(timelyhonor)**(for this honor).this honor)**I will be changing my job next year and it will be nice to finally(finely)(finally)**(finely)** (finally)(finely) have the (the->a) college degree on my resume. I applaud (the) **(the→ X)(the)**(the -> X) graduates for taking **(a)** much more direct <u>route</u> to your degrees. For <u>all</u>**(all생략)** my part, I am just happy that <u>crames</u>(crimsom)**(Crimson)**(crimson) has **(has생략)** called me'harvard's most successful drop out' **(dropout).** I guess **(against)(against생략)** that makes me valedictorian of my own special class. I did the best **(of)** everyone who failed. But I also want to be recognized as the guy who got Steve Ballber **(to)** drop out of business school. I am a bad influence. That is why I was invited to speak eager(at) **(eager→X)(at)**your graduations **(graduation)** . If I had spoken at your orientation, fewer of you might be hear(here) today. Harvard was **(a)** phenomenal experience for me. Academic life was fascinating . I used to sit in**(on)**lots of classes, but **(that)** I had not even signed up for. And dorm life was terrific. I lived in up at **(up at x)**redcliffe(radciffe)**(red cliff)**(Radcliffe),(red cliff)**(Radcliffe)** In currier(career)house. There were always lots of **(a lot of)**(lots of)(a lot of)(a lot of)people in my dorm room late at night discussing things. Because everybody (everyone) knew that I did not worry about getting (it)(it생략) up in the morning. That's how I came **(keen)(came)** to be the leader of the entire(anti)**(entire)** social group. We clung**(cloned)(clung)**(cloned) (clung) to each other's way of validating our rejection of all those social people. Red cliffe(radcliffe)**(red cliff)**(Radcliffe)**(Red cliff)** (Radcliffe)was **(a)** great place to live. There were more woman (women) up there, and most of the guys, we(we생략) weremath science types. The combination **(accommodation)** (combination)(commination) (combination) offered me the best odds(thoughts)(odds), if you know what I mean. That is where I learned **(the)**sad lesson that improving your odd **(odds)** doesn't guarantee to **(to생략)**(to X) success. One of my biggest memories of Harvard came in January 1975, when i made a call from currier(career)**(career)** house to **(a)** company albecue(albuquerque)**(in adverb que)** in Mexico **(in Albacalquena)** that (it)(it생략) had begun to**(to생략) (to X)** making the world's first personal computers.(computer) I offered to sell them software.

Reducing and Omitting

■ Reducing and Omitting (축약과 탈락)

* ’d, ’ll, ’ve, ’em, ’er, of
* subtle, consumption, annihilate

첫 번째 줄에 적어 놓은 축약된 형태의 단어들은 반드시 익혀야 할 축약형이다. 이 단어들은 문서상으로 단어 전체가 적혀 있더라도 위에 적어 놓은 것처럼 반드시 축약형으로 말하는 것이 습관화되어야 한다. 원어민 화자들의 경우 특별히 강조하는 경우가 아닐 경우 위에 적어 놓은 것처럼 말을 하며, 이로 인해 실재 발화 속에서는 훨씬 축약되거나 약한 형태로 들리는 경우가 많고 이로 인해 영어가 능숙하지 않은 학습자들은 이 말을 제대로 이해하지 못하는 경우가 비일비재하다. 따라서 위에 적어 놓은 축약된 형태만 능숙하게 사용할 수 있으면 원어민들의 발화를 이해할 수 있는 상태에 한 걸음 더 다가간 것으로 생각해도 무리가 없다.

23. Sometimes (   ) up

(Oprah acceptance speech 1998: 3' 00")

24. God (   ) given me

(Oprah acceptance speech 1998: 3' 03")

25. (   ) absence

(Bill Gates Speech: 0' 03")

26. (   ) changing my job next year

(Bill Gates Speech: 1' 30")

27. I'll be (   ) my job next year

(Bill Gates Speech: 1' 30")

28. (   ) simple words

(Speech on race: 0' 16")

29. Patriots (   ) travelled across the ocean

(Speech on race: 0' 26")

30. embedded (   ) constitution

(Speech on race: 1' 15")

31. so I (   ) a talk that

(The last lecture: 0' 04")

32. (   ) elephant in the room

(The last lecture: 0' 19")

33. (   ) approximately a dozen tumors

(The last lecture: 0' 34")

34. Let's be clear, (   )

(The last lecture: 0' 40")

35. Don't you care about the Kids (   )

being killed in Chicago (Morgan vs Shapiro: 2' 20")

36. the (   ), Lord Burtler's investigation in Britain

(Moore vs O'Reilly interview: 0' 50")

37. (   ) president Bush

(Moore vs O'Reilly interview: 1' 26")

38. (   ) national security

(O'Reilly Factor Obama Pt 1: 0' 36"/7' 41")

39. (   ) some general questions

covering house of decade in power

(Tony Blair child poverty: 0' 30")

40. (   ) traveling

(Emma vs Letterman 2007: 1' 38")

41. Millions, millions fans (   )

   might be slightly disappointed by that

   (Emma vs Letterman 2007: 2' 30")

42. Wizards are living (   ) Britain

   (JK Rowling interview on Quidditch: 0' 09")

43. They are not extremely (   ) about the

   fact that the way (   ) to

   (Rai vs Letterman: 1' 30")

44. I wanna what happens to (   )

   (Emma vs Letterman 2007: 2' 30")

45. (   ) never did it

   (Tony Blair child poverty: 0' 16")

46. (   ) PM, first of all,

   Let's start with～

   (Tony Blair child poverty: 0' 30")

47. (   ) in different way

(Tony Blair child poverty: 1' 05")

48. why hasn't it (   ) so far Susan

(Susan Boyle: 1' 45"/7' 31")

49. (   ) the chance before, here

whole figure will change (Susan Boyle: 1' 45")

50. A lot of people, though, (   ) are gonna say

(60 Cam'ron: 0' 45")

51. A man (   )

(Conrad Black Paxman: 6' 24"/6' 46")

52. You've got nerve damage (   ) them

(60 Cam'ron: 0' 20")

53. Don't (   ) record

(60 Cam'ron: 0' 51")

54. Would (   ) record

(60 Cam'ron: 1' 14")

55. (   ) I'm saying, what I'm saying

(60 Cam'ron: 1' 18")

56. (   ) get a lot of electricity from

(Eye to eye Al Gore: 0' 56")

57. I (   ) what their excuses

(Morgan vs Shapiro: 2' 20")

58. (   ) you feel nostalgic for that period of

job (Tony Blair child poverty: 0' 34")

59. Don't you care about the Kids (   ) being killed

in Chicago (   ) kids in Sandy Hook

(Morgan vs Shapiro owned: 2' 20"/14' 04")

60. Patriots (   ) travelled across the ocean

(Speech on race: 0' 26")

61. (   ) established

(Morgan vs Shapiro: 6' 30"/14' 04")

62. (   ) a large coke

(Fast food order animated: 4' 00")

63. A cup of coffee, please. (   ).

(Thank you for your service-war veteran ads: 0' 16")

Principle:

1. Alveolar taps are reduced or omitted when between two consonants.

이빨 뒤 잇몸에서 내는 소리인 /t/, /d/ 같은 소리는 자음과 자음 사이에서 탈락된다.

(Ladefoged, 2006)

영어에서는 단어와 단어의 경계 사이에 첫 번째 단어들에서 보는 것처럼 여러 개의 자음이 겹쳐지기도 한다. 그런데, 이렇게 겹쳐지는 자음들이 모두 발음되는 것이 아니라 대부분의 영어 모국어 화자가 발음할 때 그런 것처럼 연속된 자음 가운데 일부의 자음들은 탈락되기도 한다. 이 연속된 자음들 가운데 일부가 탈락하는 것은 발음을 보다 쉽게 하기 위한 행위(ease of articulation) 때문인데, 이와 같은 발음을 쉽게 하려는 행동은 영어 모국어 화자에게서 관찰되는 보편적인 행위이다. 그래서 이 발음법을 익히지 않으면 아무리 발음을 빨리하려고 노력하더라도 바쁘기만 할 뿐 발음이 더 좋아지지 않는다. 한편 발음의 측면과는 달리 듣는 입장에서 생각해보면 연속된 여러 개의 자음들 가운데, 일부의 자음이 탈락됨으로써 충분히 훈련된 청자가 아닐 경우에는 원래 기대했던 소리와 다른 이 소리들을 제대로 알아듣지 못해 전혀 엉뚱한 소리로 듣기 쉽다. 그러나 연속된 자음들 가운데 일부가 탈락될 수 있다는 사실을 알고 있고 또 본인이 이와 같은 단어들의 발음을 정확히 할 수 있으며, 여러 가지 예를 통해 이런 사실을 확인하게 될 경우 이와 유사한 다양한 현상들에 이와 같은 원칙을 적용해 영어 모국어 화자의 말들을 이해하고 또 원어민과 유사한 형태의 세련된 발음을 할 수 있게 될 것이다.

You are the **sweetest man**
(Oprah acceptance speech: 1' 45")

Oprah 발음을 통해 이 단어를 들어보면 **sweetest**라는 단어의 소리가 일반적으로 생각하는 단어의 소리와 차이가 있는 것을 발견하게 될 것이다. 마치 우리말로 '스위디스' 정도의 소리로 들려, 문맥을 파악하지 못하고 듣는 경우 이 소리를 알아듣는 데 어려움이 있고 자칫 다른 단어의 연결로 알아듣는 경우가 생긴다. 이 단어를 잘못 알아듣게 되는 이유는 sweetest 라는 단어가 뒤에 오는 man 이라는 단어와의 결합 때문에 생기는 변화를 미처 예상하지 못해서 생기는 일이다. 이 두 단어의 구성을 살펴보면 두 번째 단어인 최상급인 **sweetest** 와 **man** 이라는 단어가 연결되어 소리가 나는데, 앞 단어의 마지막 철자인 /t/음이 생략되고 난 후 두 단어가 마치 한 단어처럼 연결되어 마치 전혀 새로운 단어처럼 발음되게 되기 때문이다. 이 단어에서 발생하는 음의 탈락과 두 단어의 연결에 대한 것은 이 책의 뒷부분에서 다루게 될 경계 설정의 변화에서 더 자세히 다루어 보도록 하자. 이제까지의 현상에서도 짐작할 수 있듯이 몇 개의 단어로 구성된 한 개의 대화를 구성하는데 있어서도 서로 다른 두세 개의 현상이 작용되고 있다는 것을 짐작할 수 있을 것이다.

First six

앞에서 설명한 원칙을 적용하면 이 단어의 발음은 첫 단어 first의 맨 마지막 철자가 생략되고, 두 번째 서로 겹치는 두 개의 /s/가 한 개만 발음되어 한국어로 표기하면 마치 '퍼식스'라고 발음하는 것처럼 들린다. 이렇게 발음되는 음을 생각해보면 원래 단어의 발음과는 상당한 거리가 있는 발음이 되고 만다. 특히 발음이 좋지 않거나 듣기에 어려움이 있는 사람들의 경우 이렇게 쉬운 단어의 구성도 이해하기 힘든 어려운 단어의 조합으로 변한다. 이런 단어를 평상시 생활에서 무제한으로 사용하는 영어 모국어 화자와는 달리 이따금 말하거나 듣거나 할 기회가 생기는 한국인 화자들의 경우 앞에서 설명한 원칙을 이해하는 것은 큰 도움이 될 수 있다. 그래서 평상시에 이런 단어의 조합을 이해하고, 이런 단어들을 원칙에 맞게 발음하고 또 영어 모국어 화자나 동영상 같은 곳에서 이런 발음을 확인하는 것은 나은 발음을 위한 첫걸음이며 아울러 보다 잘 듣기 위한 가장 기본적인 단계이다.

Best game

이 단어 역시 앞에서 지적한 원칙이 철저하게 적용된다. 앞 단어인 best 의 마지막 철자인 /t/가 생략되고 나면 앞의 단어는 '베스(bes)'와 같이 발음되고, 뒤의 단어인 game의 단어가 결합되고 나면 '베스게임(besgame)'처럼 발음된다. 그나마 이 단어들의 경우 사용빈도가 높고, 또 결합된 단어가 어렵지 않은 단어들이어서 별 어려움이 없지만, 서로 결합된 두 단어의 뜻이 조금만 어려워져도 그 단어들을 잘못 이해하는 엉뚱한 일이 일어난다.

· **our**[áuə*r* 또는 (약하게) ɑː *r*]

음이 탈락되거나 줄어드는 것은 비단 자음에서만 일어나는 것은 아니다. 영어 모국어 화자의 발음 가운데 가장 흔하게 들을 수 있는 모음이 탈락되는 대표적인 단어로는 our[áuə*r*; (약하게) ɑː *r*]를 들 수 있다. 발음기호에서 볼 수 있는 것과 같이 이 단어는 앞에서 볼 수 있는 것과 같이 [áuə*r*] 또는 [ɑː *r*]처럼 발음할 수 있다. 먼저, 영어 모국어 화자들의 경우 Obama 의 연설(Of course, the answer to the slavery question was already **(invaded) (embedded)**

(embedded) (invaded)　(embedded) within **our** Constitution.)(Speech on race: 1' 15"https://www.youtube.com/watch?v=RxMzl6sS-4g)에서 들을 수  있는 것처럼, 강조를 받지 않는 대부분의 경우 our의 두 번째 발음에서처럼 축약되어 들린다. 그런데, 이런 단어를 들었을 때의 문제점은 이 단어가 독립적으로 발음되는 것이 아니라 주로 앞뒤에 오는 단어와 연계되어 발음되는데, 앞뒤의 단어가 쉬운 경우는 상관없지만, Obama의 연설에서처럼 뒤에 오는 단어가 어려울 경우(constitution: 헌법)에는 더욱 알아듣지 못하는 현상을 보인다. 따라서 이렇게 연속된 발화 속에서의 단어를 이해하기 위해서는 단어의 탈락과 축약 현상에 대해 자세히 이해하고 있어야 한다.

> · opens them up
>
> 　(Oprah acceptance speech 1998: 3' 03")

이 발음은 Oprah의 연설 속에 등장하는 대화이다. 이 말은 들은 한국인 화자들의 반응은 다음과 같다.

sometimes opens it (them) (them)(them x)(opens them) **up**

위에 나타난 한국인 화자들의 반응을 보면 them 부분에 다양한 표시가 있는데, 이것은 이 대화를 들은 한국인 화자들이 이 부분에 대해 상당한 논란이 있었음을 보여주고 있다. 이 부분의 대화에 대해 한국인 화자들의 경우 심지어 한글로 '**오픈즘업**'이라고 적어오기도 하지만, 결정적으로 이것이 의미하는 것은 그 말이 무엇을 의미하는지 모르고 있다는 반증이기도 하다. 이 말의 가장 기본이 되는 원칙은 'them'이라는 단어의 일부가 탈락되고 이로 인해 이 단어가 앞에 있는 단어인 'open'과 마치 한 단어인 것처럼 발음됨으로써 이를 들은 한국인 화자들은 마치 자신이 전혀 알지 못하는 다른 단어인 것처럼 인식한다는 것이다. 일반적으로 'them'이라는 단어는 축약되기도 하는데, 이럴 경우 이 단어는 '**em**처럼 표기하고 이를 앞에 있는 단어와 연계해 발음한다. 이 결과 한국인 화자들의 경우 마치 자신이 알지 못하는 생소한 단어를 들은 것과 같은 반응을 보인다. 그러나 알고 보면 아주 간단한 생략의 원리만 알고 있어도 이런 현상을 충분히 해결할 수 있다.

I'll be changing my job next year: 1' 30"

위 문장은 Bill Gates의 Harvard 대학 연설문 중의 일부이다. Bill Gates의 연설 가운데 많은 학습자들이 동일한 실수를 반복하는 곳이다. 특히 탈락과 축약 현상에 익숙하지 않은 사람들의 경우 위 문장을 제대로 이해하지 못한다. 특히 문장의 첫 부분인 'I'll'의 경우 ll의 소리가 거의 들리지 않아 한국어 I'll be의 소리가 '아비'처럼 들려 많은 초보자들의 이 소리를 확인하지 못한다. 그러나 이 소리를 음성 분석 소프트웨어의 도움을 받아 들어보면 'will'의 축약된 소리가 빠진 'I'의 소리와 'I'll'의 소리는 미세한 차이를 보여준다. 이 소리에 대한 반복적인 훈련을 하고 나면 이 책의 맨 앞에서도 언급한 0.03~0.08초 사이에 이루어지는 영어 모국어 화자들의 이 소리에 대해 반응을 이해할 수 있게 된다.

이 문장을 이해하는데 있어서 중요한 두 번째 요소는 'changing'이라는 단어에서 일어나는 현상이다. 영어 모국어 화자 가운데는 분사형으로 표현되는 '~ing', 발음기호로는 [ŋ]으로 발음되는 음을 탈락시키는 경우도 흔히 볼 수 있다. 따라서 위의 문장의 발음은 'changing'으로 들리는 것이 아니라 'change'로 그냥 들린다. 더군다나 소리가 혼란스럽지도 않고 너무나 명료해서 초보 학습자들의 경우는 더더군다나 이 소리를 의심하지 않는다.

Actually it's president Bush: 1' 26"

위 대화는 Bill O'reilly와 Michael Moore의 대화 가운데 나오는 문장이다. Moore의 대화 가운데 Bush 대통령의 잘못을 강조하기 위한 장면에서 등장하는 말인데, 문제는 Actually와 it's의 연결음이 모음 'i'로 똑같은 데다가 이 두 단어의 경계가 사라지면서 모음 'i'가 한 개의 모음처럼 발음되고 이와 더불어 두 단어 전체의 발음 변화는 이 대화의 발음을 이해하는 데 큰 어려움으로 다가온다. 이런 단어의 경우 초보 학습자들은 처음 발음을 이해하는 데 어려움을 겪고, 두 번째 겨우 알아들은 단어의 의미가 전체 문맥에서 살펴보았을 때, 무슨 의미인지 순간적인 처리가 어려워 문장 전체 맥락을 이해하지 못하게 된다. 그런데 이 부분의 소리를 자세히 분석하고 확인해보면 일반적인 단모음 'i'의 경우보다는 조금 더 길게 발음되고 있으나 초보 학습자의 경우 그런 느낌을 아는 것이 쉽지 않다. 그럼에도 불구하고, 이런 현상이 발생하고 있다는 것을 알고 있을 경우에는 그렇지 않았을 경우에 비해 차후에 일어날 많은 축약과 탈락 현상 그리고 문장의 경계 설정 변화 현상을 이해할 수 있는 중요한 단서를 제공해준다. 물론 위에서 언급한 현상들은 모두 독립적으로 발생하는 것이 아니라 두 세 개의 현상이 한꺼번에 발생하는 현상이기에 이 현상들을 제대로 이해하기 위해서는 첫째, 이런 현상에 대한 이해와 둘째, 이런 현상이 일어나는 소리들을 반복적으로 듣고 익숙해지는 것이 절대적으로 필요하다. 물론 이런 대화를 이해함에 있어서 또 다른 중요한 것은 단순히 듣기만의 문제가 아니라 문법적으로 완성된 문장을 예상할 수 있어야 반응을 보일 수 있는 문장이기도 하다. 많은 한국인 학습자들이 영어 듣기에 있어서 '소리'라는 것에만 집착하지만, 실제로 영어 듣기를 제대로 이해하기 위해서는 첫째, 소리에 대한 적절한 반응과 둘째, 영어 문장에 대한 문법적인 지식과 셋째, 서로 맥락을 공유하고 있는지가 원어민 화자의 발화를 이해하는데 있어서 아주 중요한 역할을 한다. 이 내용을 동일한 방식으로 영어 말하기에도 적용할 수 있는데, 영어 학습자가 자신의 말을 모국어 화자에게 정확히 전달하기 위해서는 첫째, 개별 단어의 발음이 정확하거나 둘째, 문법적 요소를 고루 갖춘 완성된 문장을 말할 수 있어서 중간중간에 섞여 있는 부정확한 발음을 모국어 화자가 미루어 짐작할 수 있거나 셋째, 맥락을 공유하고 있어서 나열된 몇 단어만으로도 대화가 구성될 수 있어야 한다. (영화 <택시 운전사>의 경우 외국인 기사와 택시 운전사의 경우 이미 사전에 자신들의 목적이 공유된 탓에 택시 운전자의 'NO MONEY, NO GWANGJU'라는 말에 'NO GWANG, NO MONEY'라는 대화가 큰 어려움 없이 성립될 수 있다. 그런데 영화의 중간중간에 등장하는 택시 운전자와 독일인 기자와의 대화에서 영어에 익숙하지 않은 택시 운전자가 대화를 잘 알아듣지 못하는 장면은 영어 듣기를 공부하는 학습자들에게 많은 것을 시사해 준다.

Patriots who had travelled across the ocean
(Speech on race: 0' 26")

위 문장은 당시 미 대통령 후보이던 Obama의 2008년 연설 가운데 일부이다. 이 가운데 특히 빨간색으로 강조한 부분은 아주 난이도가 높은 부분으로써 많은 학습자들이 어려워하는 부분이다. 이 부분에 두드러지게 나타나는 현상은 patriots과 who가 서로 겹쳐서 발음됨으로써 축약과 탈락 현상이 발생한다는 것과 이 현상이 단지 이곳에만 국한되는 것이 아니라 'who'd'로 발음되는 곳까지 연달아 발생함으로써 세 단어 이상에서 축약과 탈락 현상으로 인한 소리의 변형이 생긴다는 것이다. 이런 현상의 결과로써 많은 학습자들이 이 부분의 소리를 제대로 인식하지 못하고 한국어로 '쑤읏'정도의 소리로 인식한다. 이로 인해 이런 현상을 예측하지 못하는 학습자들의 경우 이 부분의 소리를 아무리 반복해 듣더라도 제대로 된 소리를 들을 수 없게 된다. 물론 이 부분의 소리를 반복해 들을 경우 소리에 대한 익숙함과 문장의 문장 구조에 대한 이해가 이 문장에 대한 이해를 도울 수 있으나 처음 이 소리를 접한 학습자들의 경우 이 문장을 제대로 이해하는 데 상당한 어려움을 겪음을 토로한다.

What prompted you to do this why?
(Al Gore interview: 0' 05")

위 질문에서 주목해야 할 부분은 prompted 와 you의 연결부위 그리고 'to do'에 발생하는 리듬감, 그리고 두 개의 구문이 연결될 때 이곳에서 함께 발생하는 호흡과 경계 설정의 변화를 이해하지 못하면 이 문장을 아무리 반복하더라도 제대로 이 문장을 이해할 수 없게 된다.

이 문장의 이해에서 발생하는 다양한 현상들은 영어 청취 학습자가 마주치게 되는 다양한 문제들을 함축하고 있다. 특히 혀끝이 잇몸의 뒷부분을 가볍게 치는 듯한 현상과 경계 설정의 변화에서 생기는 문제가 리듬감과 복합적으로 작용함으로써 초보 학습자들에게는 난공불락의 요새처럼 어렵게 느껴지는 부분이다. 그런데 초보 학습자들과는 상대적으로 영어 모국어 화자의 경우 이 부분에 대해 전혀 어색함을 보이지 않는다. 그러나 이 부분을 부분 부분으로 나누어 원어민 화자에게 들려줄 경우 원어민들 역시 듣기에 어려움을 겪는 것을 확인할 수 있다. 영어 학습자들의 경우 미세한 음의 변화와 경계 변화로 인해 제대로 이해하는 데 어려움을 겪지만 원어민 화자들의 경우 부족한 소리에도 불구하고 오랜 경험을 통해 이 소리에 제대로 반응하는 것을 확인할 수 있다. 결국 이 말의 의미는 원어민 화자들조차 오랜 경험에 바탕을 둔 반응이지 그들만이 특별한 청취 능력을 가지고 있는 것은 아님을 보여준다.

Pancreatic cancer's spread to my liver
(The last lecture: 0' 34")

위의 대화에서는 두 부분에서 듣기에 어려움을 겪을 수 있다.

첫 번째 부분은 cancer's spread 부분에서 서로 's'가 겹치는 부분인데, 이 경우 두 개의 소리가 서로 겹치면서 두 개의 소리가 마치 한 개의 소리처럼 들리고, 두 번째 이 문장을 소유격으로 보아야 할지, 복수로 보아야 할지, 아니면 완료시제인 has의 축약형으로 보아야 할지와 같이 cancer와 spread의 문제가 아주 중요하고 알아듣기 어려운 문제로 등장한다. 두 번째 고비는 'spread'와 'to' 사이에 벌어지는 문제이다. 첫 번째 문제는 spread를 자동사로 해결할 것인지, 아니면 타동사로 해결할 것인지에 따라서 spread 뒤에 약하게 들리는 단어를 전치사 'to'를 인식할 수 있는지의 문제가 생긴다. 이를 해결하지 못하면 단순한 소리의 반응만으로는 이 문장을 제대로 해결하지 못한다. 그래서 영어 듣기를 배우는 학습자들의 경우 이 문장에서 많은 어려움을 겪는다. 이 문장에서 볼 수 있는 것처럼 영어 듣기의 문제는 단순히 듣기의 문제만이 아니고, 영어 문장에 대한 이해를 복합적으로 동반하고 있음을 보여주고 있다.

The Last Lecture by Dr. Randy Pausch

(These are my most recent)(These are my most recent CT scans.)(here are my most recent ct scans)(These are my most recent CT scans.)(These are my most recent CT scans)

The pancreatic cancer are (is)(cancers are)(has) spreaded to my liver(liver) and there is approximately a dozen tumors.

I don't like this. I have three little kids. That's be clear this things(x->stinks). (Let's be clear. This stinks.)(But) I can(x->can't)(can't) do anything about the fact that I(I'm) gonna a die (a(x)→die) . I'm persuading(x->pursuing) medical treatments, but I pretty much know(knew)(know)how(x->about)(how)(know about)this movie goes on(goes on -> is going to) end(movie's gonna end)(movie's going to end)(movie's going to end.) And I can't control 칼엔 덜(the cult I'm dealt)(I can't control the cards I didn't deal)(the cards aren't dealt)(And I can't control the cards aren't dealt)(I can't control the part I'm dealt.) (And I can't control the cards aren't dealt,) just how I play the hands. (how i pray with the hands)

Now if It is no lose up(x->Now if i'm not morose enough) (Now I'm not momorse enough)(morose enough)(Now if I'm not morose enough) for you, I'm sorry to disappoint. but I don't choose to be an object to(to->of the)(of)pity(of pity)(of pity)and in fact, although I'm dying(gonna die) soon, I'm actually physically very strong. In fact , I'm probably physically stronger than mostly(most)(most of the) (most) (most) people in the studio(x->of all this audience)((in the audience) .(most of the people in this audience.)(than most of the people in this audience.)(in the whole this audience)(in this audience)(in this audience)

So, today's talk is not about that(x->death)(that)(death), it's about life and how to(x->do you)(how to)(how to)(how to) live. especially(x->specifically)(specifically) (Specifically) about child who(x->childhood) dreams. and about how you can try to (try to->x) achieve them.

My childhood dreams and your childhood dreams. As a child I had (an) (an ->x)(an) incredibly happy childhood. on(x) I (when)(went)back (in latest)(latest)(I went back into life)in(went back in lated)(went back and rated) (I went back in lated) (I went bavk in latest) **photo album and I couldn't find any places where I wasn't smiling.** (All right))Right! I (just)had a great childhood. and I was dreaming, always dreaming. It's (an)(an->X)**(an)**(an)(an-> x) easy time to dream. when you turn on the **(the-> your)**(the)(your)(your)(your) Television set(said about)(set) **(set)**, and (, and->X) man(and men) are lending(a man landing)**(who are landing)**(man a landing)on the moon. anything is possible, and we should never loose this experience(x->never lose that spirit).

So what were my child(childhood) dreams? being(Playing)**(Being)**(Playing) in the national football league **(big in (the)national foodball league).**(Being in the national football league.)**(Be national football league)**(Playing in the national Football League)Being in a national football league. This is (my)(my 없음)**(my->x)**one of the(the생략)(the)**(my)**(my ->x)**(the one)** childhood's(childhood) dream(dreams)this was one of my childhood dreams that(that생략) I didn't achieve. right, (And) it's very important to know that(noted)**(that)**(know that) (that)

If you didn't **(don't)** achieve your dreams, you can still get a lot **(lob)**(lot)(a lot)(a lot)**(a lot) (a lot)** by trying for (it). Those especially(expression) **(There's an expression)**(There's expression)(There's an expression)(There's an expression)

(that)**(that 생략)**(that)(that)(that없음)I love.**(There's an expression that I loved,)**(there's an expression i love) Experience is what you get when you don't get what you want (it)**(what you want it)**(what you wanted)**(what you want it**what you wanted (what you want it)(what you want it)

I play(played in the)**(I played it)** little **(in)**(I played in a little)(**I played a little)**(I played in a little) **(play little in)**league football in(x->for) a long time and I have **(had a)** (have a)**(have a)**phenomenal coach. coach Jim grame(**graham**) and he was old school. When I was a(a->in)**(in)**(into)practice he rode me all practice.

You know you are(you are->x)**(you are)** doing (it)**(it→X)**(this)**(it)**(you're doing it) wrong, go back (and)do it again you slow off(slacking off),you owe(hold)**(owe)** me **(you own me)**(you owe me),you still need do push up **(ups)**(push-ups)just for 2 hours. He was relentless. And after practice , one of the assistant coaches came up to me (he)**(and he)**said, Yeah coach Gram(**Graham**) rode you pretty hard . (and)I sad(said) Yeah they**(he)** said that's a good thing. because it means he cares. When you had a(x->doing a)(when you are going a)**(when you doing a)**bad job and nobody points (it)(it생략)**(it)**(it 없음) out to you, that's (when they)(they've) (when they've) given up from(x->on)(to) you. (And the)**(And a)**lesson that's really stuck(That has some influence took)**(and some that's really** struck with me)(stuck)(**And a lesson that's really stuck**) with me. is when somebody is going to ride you for two hours they are doing that because they care to make you better.

So next dream. Walt Disney lmagineering (Imaginary) **(imaginary)** (imaginary) (imaginary) **(imiginary)** When I was 8 my family took the pilgrimage(pumped) (**program used**)(program institute) to Disneyland in California, and it was this**(just an)**(just an 없음) **(this->x just an->x)**incredible experience.

The rides and shows and attractions everything(and anybody). and I sad(said),"Gosh, i'd like to make stuff like that, When I get older"

So I graduated from college and I tried to become a imaginer(imagineer) this is the people who make the magic. and I got a lovely rejection letter. when(and)**(and 생략)(and)**(and)(and삭제)(and 삭제)i tried again after graduate school and I have to kept **(have to X→kept)**(have to kept)(have kept) all of these rejection letters over the(x) years(every year). They are('re) very inspirational!(They were fairly inspiration!) But (then)the darn(darned) this**(darngious)** thing happened. You know, I 've worked hard and worked hard, and (I)(**I→X**)(I)(**I**) **(I)**became a junior faculty member and I specialized in doing certain kinds of research. That's me

And I developed the skills(skill) that was valuable to Disney. and I got a chance to go there.

and I was part of imagineering team and we worked on something called the 알랜디 (aladin)(Aladdin's) (aland magic carpet ride(light)**(ride)** and it was an incredibly cool. However, it took me over 15 years to do it and lots and lots (of) try(tries).**(lots of tries)(tries)** (tries)

What I learned form(from)(from out)that is that, the break(brick) walls (

This is what (was the) kind of relationship (with) my mother and I have.

Strong form and Weak form

■ Strong form and Weak form (강형과 약형)

* as~as, a, the, that, of, if

아래에 적어 놓은 단어들을 어떻게 말해야 할지 또 원어민들의 발화 속에서 이 단어들이 어떻게 소리 날지 상상해보자. 일견 아주 간단해 보이는 단어들이지만 경우에 따라서는 여러분들의 듣기에 아주 큰 영향을 미칠 수 있는 단어들이다. 여러분에게 미리 도움을 드린다면 이 단어들은 눈으로 보이는 것과는 달리 경우에 따라서 두세 개 이상의 소리로 들려올 수 있다는 것을 염두에 두고 발화해보고 들어야 할 것이다.

- a
- and
- as
- at
- can
- has
- he
- must
- she
- that
- to
- would

- the

- our

　아래 표에 적어 놓은 것은 앞에 적어 놓은 단어들이 어떤 경우는 강하게 또 어떤 경우는 약하게 발음되면서 그 소리가 달라지는 예이다. 이 가운데 몇몇 단어들은 원칙을 알고 있으면 상대적으로 쉽게 해결할 수 있는 경우도 있지만, 반대로 몇몇 단어들은 발음 원리에 대해 공부하고 또 소리를 따라 해보고, 또 몇 번을 반복해서 들어보아도 쉽게 정복할 수 없는 경우도 있다. 아마 이 중에서 가장 어려운 예 가운데 하나는 'as~as' 구문에서 경험하게 될 가능성이 높다. 이 책에서는 대여섯 개의 예문을 적어 놓았는데, 그 가운데 두세 개의 경우 여러 차례 반복하더라도 듣기에 쉽지 않을 수도 있는 것을 미리 밝혀둔다. 다만 본서의 설명을 듣고 또 영상을 들어보고, 본인의 입으로 확인하는 단계를 밟아가다 보면 어느 날인가 거짓말처럼 이 소리들을 듣고 활용하고 있는 학습자 본인의 모습을 확인할 수 있을 것이다.

	Strong form	Weak form
a	[ei]	[ə]
and	[ænd]	[ənd] [ṇd] [ən] [ṇ]
as	[æz]	[əz]
at	[æt]	[ət]
can	[kæn]	[kən] [kŋ]
has	[hæz]	[həz] [əz] [z] [s]
he	[hi:]	[i:] [hi] [i]
must	[mʌst]	[məst] [məs] [ms]
she	[ʃi:]	[ʃi]
that	[ðæt]	[ðət]
to	[tu]	[tə]
would	[wud]	[wəd] [əd] [d]
the	[ði]	[ðə]

* 아래 연결된 동영상을 보고 빈칸을 채우시오.

64. To share some (   )

    (Oprah acceptance speech 1998: 2' 54")

65. (   ) 33 year

    (Bill Gates Speech: 0' 03")

66. (   ) proud mother

    (Hillary DNC 2008: 3' 40")

67. (   ) absence

    (Bill Gates Speech: 0' 03")

68. (   ) overseers

    (Bill Gates & JK Rowling: 0' 53")

    Bill Gates:

    JK Rowling:

69. (   ) the doctors tell me

(The last lecture: 0' 26")

70. He would do interview with (   )

we didn't edit it

(Moore vs O'Reilly: 0' 21")

71. In a (   ) long and (   )

this campaign has been

(McCain Concession Speech 2008: 0' 36")

72. You've nerve damage (   ) one of them

(60 Cam'ron: 0' 28")

73. My hand (   ) ice box all day

(60 Cam'ron: 0' 28")

74. Don't you care about the Kids (   ) being killed

in Chicago (   ) kids in Sandy Hook

(Morgan vs Shapiro: 2' 20")

75. making the economic pie (   ) possible

(Stiglitz inequality: 1' 55")

76. (   ) I thought

(Reimagining Capitalism: 2' 23")

77. Now it (   ) they're here to stay

(Beetles Yesterday lyrics)

다음 예문에서 나타나는 as~as~구분의 소리를 비교해 보자.

· My hand is as numb as in ice box all day.

   (Cam'ron: 0' 28")

· In a contest **as** long and difficult **as** this campaign has been

   (McCain: 0' 59")

· Why not, don't you care about the kids or being killed in

   Chicago as much as kids in Sandihook

   (Morgan vs Shapiro: 2' 20")

위에 나열된 문장들은 서로 다른 영어 모국어 화자들이 서로 다른 상황 속에서 동일한 단어와 구문이 포함된 문장을 발화하고 있는 상황이다. 동일한 단어와 구문으로 구성되어 있어 한국인 학습자들은 동일한 소리를 기대하고 있겠지만, 비록 동일한 단어로 구성된 구문일지라도 단어가 자체적으로 가지고 있는 강형과 약형의 이중성과 또한 인접한 단어와의 환경 그리고 발화 속도에 따라 이 구문은 전혀 다른 모습으로 발화된다. 앞에서 언급한 이런 이유들로 인해 영어를 학습하는 상급 학습자들의 경우에도 이 단어들을 이해하는 데 어려움을 겪는다. 그 어려움이 경우에 따라서는 무슨 소리로 구성되어 있는지 전혀 눈치채지 못하는 정도에 이르기도 한다. 그만큼 강형과 약형의 변화를 이해하는 것은 영어 듣기에 있어서 중요한 부분을 차지하고 있고 따라서 이 부분을 제대로 정복하는 것이 영어 듣기의 중요한 부분을 차지한다.

Principle:

영어 단어들 가운데에는 원칙적으로 강하게 발음될 수 있는 단어와 약하게 발음되는 단어가 있다. 강하게 발음될 수 있는 단어는 내용어(명사, 동사, 형용사, 부사 등)이고 약하게 발음될 수 있는 단어는 기능어(관사, 전치사, 접속사, 조동사 등)이다.

Content words vs. Function words

- **Content words**: 명사, 동사, 형용사, 부사
- **Function words**: 관사, 전치사, 접속사, 조동사

영어 단어들 가운데에는 강하게 발음할 수 있는 단어와 약하게 발음할 수 있는 단어들이 있는 데, 영어 단어들 가운데 강하게 발음할 수 있는 대표적인 단어로는 명사, 동사, 형용사, 부사와 같은 단어들을 들 수 있겠다. 또한 명사, 동사, 형용사, 부사와는 달리 문장 내에서 상대적으로 약하게 발음되는 단어들이 있는데, 관사, 전치사, 접속사, 조동사 등이 이에 해당한다. 앞에서 말한 명사, 동사, 형용사, 부사의 경우 이를 한데 묶어 내용어(content words)라고 부르고 이들과 달리 관사, 전치사, 접속사, 조동사, 대명사와 같은 단어를 한데 묶어 기능어(function words)라고 부른다. 이렇게 영어의 품사들이 두 개의 서로 다른 부류로 나누어지는 이유는 그 많은 영어 단어들이 자신의 품사에 따라 이 단어들이 섞인 문장 속에서 서로 다른 모습으로 구현되기 때문이다.

단어가 강하게 발음되거나 약하게 발음된다는 것은 한 개의 단어가 경우에 따라서 발음이 달라진다는 것인데, 한 개의 단어에 대해 똑같은 발음을 기대하고 있는 경우 상황에 따라 발음이 달라진다는 것은 상당히 혼란스럽고 이를 다른 단어들과 같이 있는 상황에서 이해한다는 것 역시 쉬운 일이 아니다. 물론 모든 단어에서 이런 현상들이 나타나는 것은 아니다. 따라서 한 개의 단어에 두 개 이상의 발음이 존재하는 단어들을 정리해 이들의 발음을 이해하는 것만으로도 영어 모국어 화자의 발음을 이해하는 최소한의 준비를 하게 되는 것이다. 이런 발음의 차이는 자음의 차이에서도 비롯되기도 하지만, 특히 모음의 변화가 심하게 되어, 이런 현상을 예측하지 못하고 있던 학습자들의 경우 이를 전혀 이해하지 못하게 된다. 특히 영국 영어와 미국 영어의 차이 가운데, 발음의 차이는 자음의 차이보다는 모음의 차이로 인해 발생하는 경우가 많은데, 이런 현상을 이해하기 위한 가장 기본적인 준비가 바로 한 개의 단어에 강약의 차이로 인해 발생하는 모음의 변화이다. 예를 들어 영국의 수상 Tony Blair를 인터뷰하던 사람의 발음을 들어보면 "I don't know~"라는 발음을 들을 수 있는데, 이 경우 이 화자의 발음은 우리가 기대하고 있던 바와 달리 'don't'라는 단어의 모음의 발음이 전혀 다른 것을 알 수 있다. 물론 이 단어를 문맥 속에서 듣게 되는 경우 자연스럽게 해결되는 경우도 있지만, 무슨 소리인지 전혀 이해할 수 없는 청자들도 많다. 심지어 북미식 영어를 구사하는 화자들의 경우에서도 서로 다른 모습을 확인할 수 있다.

아래의 문장 속에서 첫 단어는 'Don't'를 확인해보자.

·Don't we get a lot of electricity from natural gases as well?
(Eye to Eye Al Gore interview: 0' 56")

위 문장의 첫 단어는 Al Gore를 인터뷰하던 앵커의 발화이다. 이 발화를 들은 대부분의 한국인 학습자들은 이 발화의 첫 단어인 'don't'의 발음이 기대와 다른 것을 느낄 수 있다. 이 부분의 발화는 기대와 다른 정도가 아니라 경우에 따라서는 't'에 해당하는 소리로 들리는 것이 사실이다. 더군다나 발화의 속도가 일반적인 발화보다 빠른 속도에서 이루어지는 까닭에 이 부분의 소리는 더욱 명확하지 않다. 그런데 이 부분에 대한 반응은 한국인 학습자의 경우 알아듣지 못하거나 아니면 다른 의미의 소리로 이해하지만, 영어 모국어 화자의 경우 별 어려움 없이 이 소리를 이해한다. 이런 근본적인 차이가 발생하는 이유는 한 단어에 존재하는 서로 다른 발음 방식과 이와 더불어 속도와 결합된 발음의 변화 등이 복합적으로 작용한 결과이다. 따라서 한국인 학습자들이 이런 소리를 이해하기 위해서는 우선 한 단어가 가지고 있는 복수의 소리에 대한 이해와 이들이 다른 소리와 결합되었을 때 발생할 수 있는 다양한 환경에 충분히 훈련되어 있어야 일상적인 대화 속에서 어려움이 없이 영어 모국어 화자의 발음을 이해하고 대화할 수 있을 것이다.

이제부터는 각각의 단어에서 일어나는 구체적인 현상을 확인해보자.

A [ei] [ə]

이 목록의 첫 번째 단어인 'a'의 경우 도표에서 보는 바와 같이 [ei]또는 [ə]로 발음한다. 한국의 많은 화자들이 [ə]발음 하는 것에는 익숙하지만, [ei]로 발음하는 것은 익숙하지 않은 청자가 많아 듣기 과제를 하는 경우 맨 처음 등장하는 이 발음을 이해하지 못해 전체 맥락을 이해하지 못하는 경우를 어렵지 않게 발견할 수 있다. 이런 현상에 관한 가장 구체적인 예로써 Bill Gates의 Harvard 연설을 들 수 있다. Bill Gates를 소개하는 영상의

Bill Gates

'After a thirty three year leave of absence'라는 대사에서 'a'의 발음이 'after'와 결합된 체 '[ei]'로 발음되는 탓에 이를 들은 많은 학습자들의 경우 이를 부정관사인 'a'로 생각하는 것이 아니라 전혀 다른 단어들의 조합으로 이해한다. 'After way', 'After ray', 'After weigh', 'After rate' 등 이와 동일한 음운현상을 보일 수 있는 많은 조합의 단어가 있어 부정관사 'a'가 강형의 경우 다르게 발음될 수 있다는 것에 익숙하지 않은 학습자는 이를 제대로 이해하는 데 많은

어려움을 겪는다. 또한 약형인 [ə]로 발음되는 경우에도 문맥에서 중요한 역할을 하지 않는 경우 그 발음의 비중이 현저하게 낮아져 잘 들리지 않거나 심지어 발음하지 않는 경우처럼 들리는 경우가 많은데, 이를 이해하지 못하면 가장 고급스런 듣기를 하는데 많은 어려움을 겪을 수밖에 없다.

And
[ænd] [ənd] [n̩d] [ən] [n̩]

가장 흔히 발음하고 들을 수 있는 접속사 가운데 하나인데, 이 단어 역시 실제로 발음되는 과정에서 여러 형태를 띠게 된다. 도표에서 볼 수 있는 것과 같이 이 단어의 발음은 변화무쌍한데, **[ænd] [ənd] [n̩d] [ən] [n̩]**와 같이 맥락의 중요성에 따라서 많은 변화를 겪게 된다. 이 단어의 발음 가운데, 눈길을 끄는 것은 'The Last Lecture'에 등장하는 발음인데, Dr. Randy Pausch 박사의 강연 가운데 사용된(0' 31"경에 발음된 chemotherapy radiation and the doctors tell me: QR 코드에서 확인) and의 발음을 많은 일반 청자들이 이해하지 못하는 것을 확인할 수 있다. 이들의 경우 단어와 단어 사이에 이 단어가 발음되고 있는 지조차 의식하지 못하는 경우도 많다. 물론 우리가 알고 있는 단어의 목록 가운데, 'bread and butter' 정도의 단어는 익숙하지만 and 라는 접속사가 사용되는 범위는 이보다 훨씬 광범위하여, 만약 and 라는 단어가 탈락되는 느낌이 되는 경우 앞뒤의 서로 다른 두 단어를 자신이 전혀 모르고 있는 새로운 단어로 생각해 이 단어가 무슨 단어인지 알아듣지 못하는 경우를 흔히 보게 된다. 이미 앞에서 지적한 바와 같이 Dr. Randy Pausch 박사의 발음을 통해 들은 and의 발음은 거의 의식하지 못할 정도로 약하게 지나가고 있는 것을 볼 수 있다. 이외에도 Dr. Randy Pausch 박사의 강연 가운데, 상당히 많은 부분에서 이런 현상들이 자연스럽게 일어라고 있는 것을 볼 수 있다. (더 자세한 내용이 필요한 분은 부록에 첨가 되어 있는 원고의 and를 듣고 적은 다른 청자들의 원고를 참고하기 바람.)

As [æz] [əz]

이 단어 역시 강형과 약형의 변화가 많고 또한 다른 단어와 연계되어 발음되는 경우가 많아 일반 청자들이 실수를 많이 하는 단어이다. 이 단어가 가장 극단적으로 사용된 발화의 예는 부록에 첨가된 John McCain의 Concession Speech에서 발견할 수 있다. John McCain의 연설에서 이 부분의 발화는 다음과 같이 진행된다.

As long and difficult as this campaign has been
(McCain concession speech: 1' 01")

My hand is as numb as in ice box all day
(Cam'ron Interview: 0' 28")

물론 이 부분은 경계설정의 변화에서 다른 각도로 이 부분을 다루겠지만, 이 단어를 강/약의 발음이라는 측면에서 다루면, 이것 역시 주의해야할 발음이다. 특히 **difficult as** 라는 연속되는 발음의 경우 많은 학생들이 처음에는 거의 인식해내지 못한다. 이 부분은 첨부한 부록에서도 찾아볼 수 있는 데 많은 학생들이 서로 다른 단어를 들은 것으로 보고하고 있다. 이 부분의 as 의 소리의 변화에 가장 결정적인 영향을 끼치는 것은 as 라는 단어가 약한 발음이 되어 앞에 있는 difficult 라는 단어와 마치 한 단어처럼 발음되고 이로 인해 학생들은 difficult 와 as 가 조합된 본인은 전혀 모르는 전혀 새로운 단어를 찾아야 하는 문제가 발생하는 것이다. 또한 이 문맥의 단어를 듣는 데 필요한 것은 단순한 소리를 듣는 것만으로는 해결되지 않으며, 이 부분에 사용된 as~as 라는 구문을 사전에 정확이 알고 있는 지도 상당히 중요한데, 이런 부분들의 지식이 복합적으로 작용해 위 연설의 내용을 정확이 이해하는 단계에 이르게 된다.

Can
can [kæn] [kən] [kŋ]

이 단어에서 한국인 화자들이 겪는 가장 근본적인 문제점은 can 과 can't를 구분하는 문제이다. 이 문제점 역시 가장 먼저 이해해야 할 것이 두 단어의 발음에서 이 단어들이 독자적으로 강하게 발음될 수 없어 **[kæn]** 과 **[kən]**처럼 구분되어지는 경우인데, 이 둘을 구분해서 발음하거나 들어내지 못할 경우 청자가 듣게 되는 문장이나 또는 말하게 되는 문장의 뜻의 yes/no 가 바뀌게 되는 경우도 생길 수 있다. 따라서 이 단어의 발음을 익히고 이를 문맥 속에서 파악하는 것 역시 중요한 문제이다.

Has
has [hæz] [həz] [əz] [z] [s]

이 단어의 발음이 주목받는 것은 영어 모국어 화자의 경우 이 단어들을 발음할 때 하나씩 또박또박 발음하는 것이 아니라 앞에 있는 주어와 함께 발음하는 경우가 많다는 것이다. 이 단어를 실제로 발음하는 경우의 예를 들면, He's 의 경우 서로 다른 단어들의 조합으로 이해할 수 있는데, 하나는 He is, 다른 하나는 He has 또 다른 하나는 His 라는 서로 다른 단어의 조합으로 듣는 것이다. 그런데 이와 같은 다양한 말을 듣기 전에 이 단어들이 어떻게 조합되고 어떻게 변화될지 예상을 하고 있는 경우 보다 쉽게 문맥을 듣고 이해할 수 있을 것이다.

To
to [tu] [tə]

이 단어의 발음은 한국인 영어 학습자에게는 절대로 약한 발음이 아닌 경우가 많다. 한국인 영어 학습자들의 경우 'to 부정사'라는 문법적인 단위에 익숙해 있기 때문에 발음을 하는 경우에도 상당히 강한 기식음화 현상을 동반하는 강한 발음으로 하는 것이 일반적이다. 그러니 이 단어가 다른 단어들과 연합해 약하게 발음되는 것을 제대로 이해할 수 있는 준비가 되어 있지 않다는 사실이다. 더군다나 이 단어가 다른 단어들과 함께 발음될 경우 이 단어의 /t/음이 탄설음화가 될 조건을 충족하게 되어 How to 의 발음만 하더라도 'to'의 발음이 약하게 되어 처음에 기대하고 있는 소리와는 상당히 다른 양상의 소리를 듣게 될 것이다. 물론 사용의 빈도수가 높은 단어들의 경우 별 문제없이 듣고 말할 수 있겠지만 그렇지 않은 빈도수가 낮은 단어들의 경우 학생들이 알아듣는 정도가 현격하게 감소하는 것을 관찰 할 수 있다.

Schwa [ə]

· leave of absence (Bill Gates speech: 0' 03")

· board of overseers (Bill Gates speech: 0' 53")

- **· in America**
- **· Adorable**
- **· Eleven**
- **· Elect**
- **· Immediately**

· 무성자음과 무성자음 사이에서 무성음이 되거나 탈락하기
  도: <u>For the</u> first time, British Premier is going to
  (Tony Blair interview: 0' 09")

· it will be nice to finally(finely)(finely)**(finely)**(finely)(finely)
  have the (the->a) college degree on my resume.
  (Bill Gates Speech: 1' 30")

· I applaud (Bill Gates Speech: 1' 38")

I applaud (the) **(the→X)(the)**(the -> X) graduates for taking **(a)** much more   direct <u>route</u> to your degrees.

영어 모음은 국가와 지역에 따라 상당한 차이를 보인다. 이것은 마치 우리나라의 한국어 발음도 경상도, 전라도, 충청도에 따라 발음의 차이가 있듯이 영어도 국가와 지역에 따라 상당한 차이를 보이고 있다.

아래 그림은 영어 모음이 발음되는 우리 입안의 발음장소와 영국의 아나운서와 미국의 아나운서의 모음의 발음 차이를 보여주는 그림이다. 이 그림들 가운데서 두 번째 세 번째 그림을 비교해 보면, 우리가 흔히 상식적으로 알고 있는 영국인과 미국인들의 모음 발음에 상당한 차이가 있음을 알 수 있다. 이 그림에서 보는 것과 같이 모음의 발음은 단순모음의 발음뿐만 아니라 이중 모음의 발음에 있어서도 차이가 있음을 알 수 있다. 따라서 영어 모음의 발음을 익힌다는 것은 적어도 영어의 양대 산맥을 이루고 있는 영국식 영어와 미국식 영어에 익숙해지는 것을 필요로 한다. 물론 말하기를 익히는 과정에서 두 가지 발음하는 방법 모두를 익히는 것은 불가능하다. 따라서 현실적으로 가능한 둘 중의 한 가지를 선택해서 그것을 집중적으로 익히는 것이 필요하겠지만(우리나라에서는 현실적으로 미국식 영어가 배우기에 유리한 환경), 영어를 듣는 입장에서는 가능한 다양한 종류의 영어를 듣고 이해할 수 있는 능력을 필요로 한다.

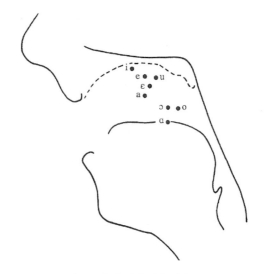

그림 3 모음의 실제 발화 위치
(Ladefoged 2006: 215)

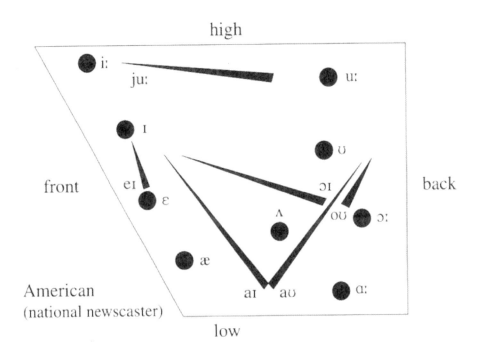

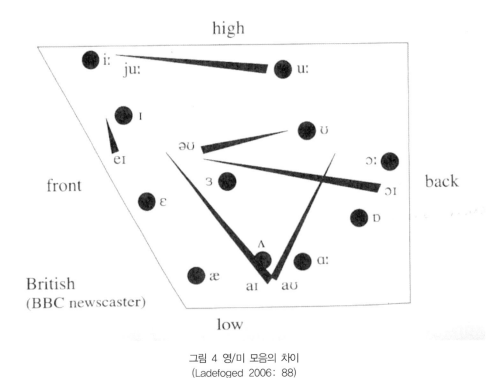

그림 4 영/미 모음의 차이
(Ladefoged 2006: 88)

특히 한국인 화자들이 흔히 오해하는 것은 한국어의 모음(아/에/이/오/우)을 발음하는 방법과 양상이 영어 모국어 화자의 발음과 같을 것이라고 생각하고 또 이런 이유로 인해 영어 단어나 문장을 들을 때 한국어와 같은 소리를 기대한다. 그러나 실제로 영어 모국어 화자의 발화를 들어보면 자신이 원했던 것과는 다른 소리를 듣게 되어 발화된 담화를 잘 알아듣지 못하게 된다.

이런 소리의 가장 중심에 있는 모음 가운데 하나가 바로 Schwa [ə] 이다. 이 모음의 발음은 흔히 영어 단어 가운데 강세가 없는 모음의 경우 Schwa [ə] 로 발음하라고 가르치고, 배우고 있으나, 이것이 꼭 정확한 것만은 아니다. 그럼에도 불구하고 앞에서 설명한 것과 같이 가르치는 것이 일반적으로는 상당히 효과적이다. 그러나 조금 더 정확한 발음을 하고, 또 이렇게 발음되는 모음을 알아듣는 것은 문장을 이해하는 데 있어서도 결정적인 역할을 한다. 특히 일부지역에서는 이 단어를 영어 모음 가운데 단모음 [i]와 구분 없이 사용하는 지역과 사람들도 있어 이 모음을 이해하는 것은 영어 모음 전체를 이해하는 데 있어서 중요하다.

in America

위에서 예로 들고 있는 단어들은 in America 에서와 같이 서로 연결되어 소리 나는 두 단어 가운데, 두 번째 단어가 강세가 없는 모음으로 시작되면 그 단어의 첫 번째 모음이 약화되어 Schwa [ə]로 발음되는 경우가 대부분이다. 이로 인해 서로 결합된 단어는 각각의 단어가 가지고 있는 고유한 음가와는 다른 상이한 소리로 발화되게 된다.

- **Eleven**
- **Elect**

위의 두 단어를 발음하는 영어 모국어 화자의 발음을 자세히 들어보면 맨 앞의 모음의 발음이 우리가 일반적으로 기대하는 차이가 있음을 발견할 수 있다.

Schwa [ə]의 발음이 강하게 발음되지 않은 현상은 eleven/elect와 같은 단어의 첫 모음의 발음에서 변화를 일으킨다. 이 단어의 특징은 첫 모음에 강세가 없고 두 번째 모음에 강세가 오게 되는데, 이로 인해 변화된 발음은 첫 모음이 [ə]/[i] 가운데 구분하기 힘들 정도의 모호한 음으로 발음된다. 이러한 사실을 알고 있는 사람들이나 아니면 아주 많은 듣기 경험을 갖고 있는 사람들에게는 별 문제가 되지 않겠지만, 그러나 이런 사실을 잘 알고 있지 못한 사람들에게는 이렇게 발음되는 음을 알아듣기가 쉽지 않다. 따라서 일부러는 아니겠지만, 이런 사실들을 이해하고 이런 음들을 들어본 사람들은 이와 유사한 환경을 가진 단어들을 별 문제없이 이해할 수 있겠지만 이런 사실조차도 알고 있지 못한 사람들은 그렇지 않은 사람들에 비해 훨씬 많은 시간을 투자해야 한다.

- **무성자음과 무성자음 사이에서 탈락하기도**

앞에서 언급된 Schwa [ə] 의 많은 특징들 가운데 가장 특징적인 것 가운데 하나는 바로 지금 설명하고 있는 탈락현상에 관한 것이다. 이 음의 특징은 문자로서는 존재하고 있으나 실제로 발화를 하는 과정에서는 음의 약화가 진행되어 극단적으로는 생략되기도 한다. 그 가운데 가장 특징적인 것은 무성자음과 무성자음 사이에서 모음으로써의 음가를 잃고 생략되기도 한다는 것이다.

다음의 음들을 확인해 보자.

· F<u>or</u> the first time (Tony Blair: 0' 09")

· Thank you f<u>or</u> doing this (Tony Blair: 0' 27")

이 음들의 특징은 모음 'o'가 강세를 받지 않아 약화되고 이로 인해 강세를 받지 않는 Schwa [ə] 음이 주변 음의 영향으로 인해 거의 들리지 않는 다는 것이다.

그러나 영어 모국어 화자의 경우 이런 음들을 이해하는데 전혀 어려움이 없지만, 이런 경험이 별로 없는 비모국어 화자의 경우 이런 음들을 이해하는데 많은 적지 않은 어려움을 겪게 된다.

· it will be nice to finally(finely)(finely)(**finely**)(finely)(finely)
have the (the->a) college degree on my resume.
(Bill Gates Speech at Harvard: 1' 31")

위의 예문 가운데 주목할 것은 'finally'라는 발음이다. 위의 예문에서 볼 수 있는 것과 같이 많은 학생들이 이 단어를 들음에 있어서 서로 다른 단어를 들은 것으로 적고 있다. 이 단어가 이렇게 혼란스러운 이유는 바로 finally 라는 단어의 'na' 부분을 발음하는 방법과 강세가 없는 음의 강약을 조절하는 영어 모국어 화자의 발음에 익숙하지 않은 한국인 학습자들의 경험 때문이다. 이 음은 우리가 이 장에서 다루고 있는 Schwa [ə] 음으로 발음기호에서 표시되어 있으나, 이 음을 발음하는 영어 모국어 화자들의 발음은 우리가 기대하는 것보다 훨씬 약하다. 그로 인해 소리가 아닌 발음기호를 보고 음을 익힌 한국인 화자들의 기대와 실제 영어 모국어 화자들의 발음에는 상당한 차이가 있다. 그런데, 흥미로운 것은 영어 모국어 화자들의 발음을 실제로 분석해 보면, 한국인 화자들이 듣고 있는 소리가 결코 잘못들은 것은 아니다. 그런데 문제는 한국인 화자들이 자신이 듣게 되는 소리와 이 소리를 표기하는 것 사이에 생기는 차이점 가운데서 혼란을 겪게 된다는 것이다. 영어의 발음 원칙을 생각하지 않고 소리 값만을 비교 했을 때는 한국인 화자의 표기법이 거의 정확한 음 값이 될 수 있겠지만, 문맥의 의미와 영어 모국어 화자의 발음 습성을 고려한다면 이 발음의 표기는 한국인 화자들이 들은 것과는 달라질 수 있다는 것이다.

영어의 모음에 작용하는 원칙을 정리하면 다음과 같이 정리할 수 있다. 즉 모음의 강세 유무에 따라 동일한 철자를 가지고 있다 하더라도 그것으로 인해 발생하는 소리의 효과는 일반적으로 예측하는 것 이상의 결과를 보여준다.

Principle:

1. **Stressed Vowel**
2. **Unstressed Vowel**
3. **Reduced Vowel**

위에 적은 원칙들은 다음과 같이 해석될 수 있다. 영어의 모음은 강세를 받은 모음과 그렇지 않은 모음 그리고, 중립화된 모음으로 나누어진다. 단어 가운데 동일한 철자로 구성된 모음이라 할지라도 단어 속에서의 역할과 강세의 유무에 따라 전혀 다른 방식으로 발음될 수 있다. 다음의 단어 쌍을 구분해 보자.

/e/: appreciate: creation: deprecate
/i/: implicit: simplistic: implication
/a/: explain: chaotic: explanation

위 단어 쌍들 가운데, 첫 번째 단어는 강세를 받고 있는 상태이고, 두 번째 단어에는 동일한 모음이지만 강세가 없는 경우이고, 세 번째 단어는 강세가 없을뿐더러 축약되고 중립화 되어서 나머지 두 가지와는 전혀 다른 양상을 보인다. 이런 단어들을 발음하고 또 문장 속에서 들을 때에는 상당한 주의를 필요로 한다. 만약 그렇지 않았을 경우 제대로 발음하고 듣는 것이 어렵다. 특히 **'in America', 'adorable'** 같은 단어의 경우 일반적으로 예상하는 것과는 전혀 다른 양상으로 발음되거나 들려온다. 특히 adorable의 경우 강세가 두 번째 음절에 있음으로 인해 첫 음절의 모음 /a/는 거의 들리지 않는 것과 같은 느낌을 줄 수도 있다. 따라서 이런 소리들에 충분히 준비가 되어있지 않으면 당연히 알고 있는 단어들도 실제 상황 속에서는 알아듣지 못하는 일이 발생할 수 있다. 이와 같은 현상은 한 두 단어에 국한되는 것이 아니다. 강세가 없는 첫음절로 시작되는 단어의 경우 한국인 학습자들이 예상하는 것보다 훨씬 약하게 발음되거나 아니면 거의 들리지 않을 정도로 약하게 발음되기 때문에 이 발음을 익히면 이 단어들뿐만 아니라 이와 같은 방식으로 발음되는 다양한 단어들을 보다 쉽게 발음하고 들을 수 있다. 특히

assault weapon

Morgan과 Shapiro의 대담가운데 2분 20초경에 등장하는 'assault weapon'이라는 발화를 들어보면 이런 현상을 더욱 더 선명하게 확인할 수 있다. 이 발화를 들은 대분의 한국인 학습자들의 경우 처음에는 이 단어를 거의 제대로 알아듣지 못했다. 어지간한 공인 영어 성적을 얻은 학습자들조차 처음에는 이 단어를 거의 알아듣지 못한다. 그 이유는 첫째 이들의 대화가 무엇에 관한 것인지에 관한 정보가 없어서 대화의 내용을 예측할 수 없기 때문이며, 둘째 이 발화를 하고 있는 Shapiro의 발화가 원어민 평균이상으로 빨라서 어려움이 있으며, 셋째 이 단어에 적용되는 원칙을 이해하고 있지 못하기 때문에 문자적으로 이 단어를 기억하고 있는 사람에게 이 단어는 난공불락의 성과 같이 알아듣기 어려운 단어이다. 이와 같은 단어는 비단 이 곳에서만 확인되는 것이 아니다. 영어 원어민 간의 대화에서는 이와 같은 상황을 훨씬 더 많이 경험할 수 있다. 따라서 강세를 받지 않는 음인 [ə](schwa) 이 음을 제대로 이해하는 것이 영어의 모음을 제대로 들을 수 있는 첫걸음이 될 수 있다.

A More Perfect Union by Obama

Obama speech on race, part 1

We are the people(we the people)(we the people)(We the people)(are the people)(we are the people)(we the people) In order to **(form a)**a form(in)**(form and) (perform)**(form a)**(form)(form a)** more perfect union. **221 years ago. In** (ago, in) a hall **(whole)**(a hall)(whole)(hall)(a hall) that still stands **(stood)**(stands)(stands)across the street, a group of men gathered and with (be a)these**(with these)**(with the) **(with these)** simple words lunched **(launched)(launched)**American's**(launched America's)**(launched Amreica's)improbable experiment in democracy. Famers**(Farmers)**(and) scholars, statement **(statesmen)**and patriots who**(had)** traveled cross**(across)**(travel the cross)(traveled across)(traveld across)(travel across)(traveled across)**(acrossed)** an(the)(who had traveld across the)(the)(cross the)ocean to escape tyranny andpersecution. Finally, madereal (their)(they had made real their)**(made real their)** (made real that)(made real their) made real their declaration of independence. at a Philadelphia convention that lasted through the spring of 1787.

The document they produced was eventually signed but ultimately unfinished. It was stained by this nation's original sign**(sin) (sign)** of slavery (slaver) **(slavery)** , a(A) question that divided the colonies and brought the convention to a(a 생략) stalemate until the founders chose to allow the slave trade to continue for at least twenty more years, and to(until)(to)(until) leave any final resolution **(revolution)** to future generations.

Of course, the answer to the slavery question was already**(invaded)(embedded)**(invaded) (embedded)within our Constitution. A constitution that had at its very core. The ideal of equal citizenshipunder the law. A constitution that promised its people liberty, andjustice, and a union that could be and should be for fact it **(should be perfected)(propect)**(should be perfected)(for fact it -> perfected)**(should be perfected)**over time.

And **(yet)**words on a parchment would not be enough to deliver slaves from(바네지??)**(bondage),** or provide men and women of every color andcreedtheir full rights (fights) **(rights)**and obligations as citizens of the United States.

What would be(that we all)(what would be) needed were Americans in successive (and success)(successive)generations who were willing to do their part through protests and struggles**(struggle)**(strugglers)**(struggle)** (struggles)(struggle) on the streets **(and)**in (in 생

라)(in into(**it seemed into**)(has seared into)my genetic makeup the idea that this nation is more(**than**)(**than** 생략) the sum of its parts that out of many, we(**are**)truly one.

Throughout the first year of this campaign against all predictions to the contrary, we saw how hungry the American people were for this message of unity. Despite the temptation to view my candidacy dthrough (through)(**through**) a purely racial lens, we won commanding victories in states with some of the whitest populations in the country. In South Carolina, where the confederate flag still flies.,we built a powerful coalition of African Americans and white Americans.

04 Local Variation

■ Local Variation (동네마다 달라요)

* **vegan, cadre, data, route, advertisement, rents(parents), th/f**

* 아래 연결된 동영상을 보고 빈칸을 채우시오.

78. Taking a much more (   )
    (Bill Gates Speech: 1' 43")

79. you can also log performance (   )
    (I30n 5 years track warranty put to the test: 3' 42")

80. But it is still (   )
    (60 Cam'ron: 1' 23")

81. And it is a (   )

(60 Cam'ron: 1' 38")

82. Don't (   ) record

(60 Cam'ron: 0' 52")

83. Would (   ) record

(60 Cam'ron: 1' 14")

84. (   ) I'm saying, what I'm saying

(60 Cam'ron: 1' 18")

85. (   ) advisory on it

(60 Cam'ron: 2' 33")

86. I got the ( )

(Emma vs Letterman: 2' 54")

87. Scotland's Future: 5 live debate highlights: 0' 38"

88. Owen Jones vs Black

89. Wisconsin accent/Alabama accent

90. Scottish accent/Irish accent

91. Scottish voice recognition elevator: eleven 3' 36"

영어 단어 가운데는 동일한 단어의 경우에도 지역에 따라 방언에 따라 다르게 발음하는 경우가 있다. 이런 단어들을 제대로 이해하지 못하면 본인이 알고 있는 단어임에도 불구하고 알아듣지 못하는 경우가 흔하게 발생한다. 물론 우리가 모든 방언을 모두 듣고 소화할 수 있다면 더 바랄 것이 없겠지만 그래도 최소한 영국과 미국을 대표하는 기관들에서 사용하는 정도의 어휘와 또 그 빈도수가 많은 단어 정도를 미리 학습해 놓는 것이 공인 시험을 대비하고 있거나 또 여러 가지 이유로 현지를 방문할 계획인 사람들에게 큰 도움이 될 것이다.

지역과 방언에 따른 차이는 가장 두드러진 것이 첫째, 같은 철자의 단어를 다르게 발음하는 경우와 둘째, 같은 내용의 말을 전혀 다른 단어나 방식으로 표현하는 경우이다. 전자의 경우 이런 단어의 가장 대표적인 경우가 바로 'vegan'이라는 단어인데, 이 단어의 경우 영국과 미국에서 전혀 다른 방식으로 발음한다. 다음의 발음기호에서 볼 수 있는 것처럼 이 단어의 발음은 [védʒən, -æn/víː gən] 과 같이 전혀 다른 방식으로 발음된다. 이로 인해 이 단어를 알고 있는 영어 학습자의 경우라도 자신이 알고 있는 단어가 전혀 다른 양상으로 들려올 것이라는 사실을 예상하고 있지 못하다면 자신이 알고 있는 단어마저도 제대로 활용할 수 없게 된다. 우리가 흔히 쓰는 단어 가운데 이런 현상을 보여주는 또 하나의 단어 가운데 한 가지는 'data'라는 단어인데 호주에 다녀온 학생들로부터 이 단어를 처음 들었을 때의 당황스러움을 전해 듣는 것만으로도 우리가 예상하지 못했던 발음을 들었을 때의 어려움을 미루어 짐작할 수 있다. 이장의 맨 앞에 적어 놓은 단어들은 이런 현상을 보여주는 가장 대표적인 단어들 가운데 극히 일부이다.

지역과 방언에 의한 발음의 차이는 단지 이런 차이에만 국한되지 않는다. 미국에 거주하는 흑인들의 경우 자신들만의 고유한 발음체계를 통해 자신들의 정체성을 유지하기도 한다. 이들의 특징으로는 다음과 같은 내용들을 들 수 있다. 영어의 'be' 동사를 일부러 생략하기도 하고, 또 이를 일부러 빼놓지 않고 발음을 할 때는 이 단어가 갖는 의미가 일반적인 의미와 달리 '늘 그런 식이다'라는 것과 같은 관용적인 의미를 가지기도 한다. 또한 이중 모음 가운데 일부를 생략하기도 해서 Cam'ron의 원고 가운데는 'don't by my record', 'Why I am saying, what I am saying'과 같은 발화를 이해하는 데 많은 어려움을 겪는 것을 볼 수 있다. 이 밖에도 'pin', 'pen'과 같은 특정한 상황에서 서로 다른 모음을 동일한 모음처럼 발음함으로써 영어 학습자들이 귀에 들려온 소리만으로 반응할 때에는 그 뜻을 파악하는 데 많은 어려움을 겪는 것을 볼 수 있다. 미국에 거주하는 흑인들에게서 발견할 수 있는 또 하나의 흥미로운 발음하운데 하는 철자 'th'에 관한 발음이다. 이 철자를 소화하는 방법이 우리가 일반적으로 알고 있는 소리가 아니라 마치 영어 철자 'f'를 발음하는 방법으로 들려오기 때문에 이런 사실을 인식하지 못하고 그들의 대화를 듣는다면 적지 않은 어려움을 겪을 것이다. 이외에도 몇 가지 차이점이 존재하지만 그런 것들은 꾸준히 학습을 통해서 해결해가는 것이 바람직할 것이다.

또한 영어의 또 다른 버전으로 볼 수 있는 대표적인 것 중의 하나나 스코틀랜드의 영어인데, 만약 스코틀랜드 영어를 처음 접하는 학습자들의 있다면 그 당황스러움이 눈에 선하게 보인다.

이들이 가지고 있는 정치적 사회적 여러 가지 요인으로 인해 나타난 현상들은 북미식 영어에 익숙해져 있는 한국인 영어 학습자들에게 특히 어려움을 더해 줄 것으로 생각된다.

이밖에도 미국의 다양한 방언을 경험할 수 있는 방언으로 본서에 제시된 동영상들을 시청하는 것도 영어의 폭을 넓히는데 큰 도움을 줄 것이다. 본서를 준비하면서 접했던 미국의 몇 몇 방언들은 처음 듣기의 어려움은 당연한 것이었지만 동시에 상당한 흥미를 가져다 준 것도 사실이다. 이 책을 통해 학습하는 여러분들도 이런 다양한 방법을 통해 여러분의 영어어의 자산을 더욱 든든히 다져가길 기대한다.

Tony Blair Labourvision interview: Life as PM, child poverty

Hello, I'm John O'Farrell and with me here is Tony Blair who is joining me for a little bit of web history because of the(at) first time a British premier is going to take your questions on youtube, Margaret Thatcher never (have) did it, Harold Macmillan never (have) did it, Winston Churchill never (have) did it I dare to want their(there is an)(I than what very) excuses but you've been posting questions on the(only) Internet (four) for (from) Prime Minister and I've chosen (choosing) something프로툰 (some to for to)(some so put to)(some to put to him)here today.

Take for in this(Thank you for doing this and), (thank you for doing this)(thank you for join this)(Thank you here in this)(Thanks to here this)PM, first of all, I'll start with some general questions carrying(covering a host of your decade)(**covering**) your**house**(household) (대! 헤!라고들립니다.)(하우스홋테에)**with**decade in power (empower). **????** (that you feel)(Don't you feel)스타우직(most 다우직)(nostalgic) (스타우지) for that (the) period of your job when people **(would)**(who)across (walk acrossed out) with you about millennium**dunk** (dawn). You mean,오글리댓(**only that**)(early that?) (only that)exactly. Because what you do is, you know, if you are sensible (어스텐스)(**sensitive**)(**stance**)(were sensibly 바이언스)about it and serious that when you come into power, you have these great expectations and hopes and all the rest of it and it isn't the nature of(nations) polities that it doesn't. very disappointing. (where does it point?) well,**it** ~~???~~ **sought different**(something different) (sounded different)(well, there is different)way**and (well, not exactly in a different way and then)**(that? it thousand of this different way) what you've got to do is to be proud of what you actually achieved. you know, I was in my constituency on Friday. I'm just taking it. I'm really getting people to focus back on **(of)** what I was like in(horrible's) 1997 and the change in living standards, in investment, in basic services you just look at the school and new equipments so⋯

05

Boundary Shift

■ Boundary Shift (경계 설정의 변화)

* 아래 연결된 동영상을 보고 빈칸을 채우시오

92. This is certainly one of the (   ) moments for me
    (Oprah acceptance speech 1998: 1' 05")

93. After a thirty-three year (   ) from his alma mater
    (Bill Gates speech at Harvard: 0' 03")

94. (   ) simple words launched (   )
    experiment (   ).
    (Speech on race: 0' 51")

95. With (   ),

(Oprah acceptance speech 1998: 1' 49")

96. Pancreatic (   ) my liver, (   )

approximately a dozen tumors

(The last lecture: 0' 34")

97. Let's be clear, (   )!

(The last lecture: 0' 40")

98. I'm not (   ) for you

(The last lecture: 0' 56")

99. Moore (   ) saying he wouldn't appear

(Moore vs O'Reilly: 0' 06")

100. I saw the (   ) the screening

(Moore vs O'Reilly: 0' 13")

101. He would do interview with (   )

we didn't edit it

(Moore vs O'Reilly: 0' 21")

102. One of the (   ) you

(Moore vs O'Reilly: 0' 44")

103. The (   ) committee

(Moore vs O'Reilly: 0' 50")

104. (   ) president Bush

(Moore vs O'Reilly: 1' 26")

105. What (   ) this why?

(Eye to Eye Al Gore: 0' 05")

106. And I (   ) a journalist.

(O'Reilly Obama Sep 2008 Pt 1: 1' 33"/7' 41")

107. Why not (   ) to do with it

(O'Reilly Obama Sep 2008 Pt 1: 1' 33"/7' 41")

108. (   ) get a lot of electricity from natural

gases as well?

(Eye to Eye Al Gore: 0' 56")

109. I (   ) what their excuses

(Tony Blair child poverty: 0' 20")

110. (   ) feel nostalgic for that period of job

(Tony Blair child poverty: 0' 36")

111. Millions fans (   ) might be slightly

(Emma vs Letterman 2007: 2' 07")

112. I wanna take a (   ).

(Emma vs Letterman: 1' 31")

113. Wizards are living (   ) Britain

(JK Rowling Interview on Quidditch: 0' 05")

114. Why did she (   ) so much

money then(on that)

(Black vs Paxman: 6' 12"/6' 46")

115. my hand (   ) ice box all day.

(60 Cam'ron: 0' 28")

116. A lot of people, though, (   ) are gonna say

(60 Cam'ron: 0' 45")

117. Parents(rents) (   ).

(60 Cam'ron: 2' 33")

118. People (   ) with you about millennium dome

(Tony Blair child poverty: 0' 42")

119. If you really want to solve, (   ),

(Morgan vs Shapiro owned: 6' 09"/14' 04")

120. weapons of mass destruction, (   ),

(Moore vs O'Reilly: 3' 02")

121. in a (   )

this campaign has been

(McCain concession speech: 0' 56")

122. they are not (   ) glad   about   the

fact that the way (   ) to.

(Rai vs Letterman: 1' 30")

123. Now it (   ) they're   here   to

stay Oh I believe in yesterday

(Beetles Yesterday lyrics)

124. I wanna take a (   ).

(Emma vs Letterman 2007: 1' 30")

125. (   ) a large coke

(Fast food order animated: 4' 00")

126. A cup of coffee, please. (   ).

(Thank you for your service-war veteran ads: 0' 16")

아래 적어 놓은 예문들을 다시 한 번 살펴보자. 아래 적어 놓은 예문들은 앞에서 풀어본 예문들 가운에 일부를 다시 적어 놓은 것이다. 이미 앞에서 한 번 들어본 적이 있어 익숙할 수 있으나 그럼에도 불구하고 일부의 예문은 그 난이도가 변하지 않을 것이다.

· In America,

· This is certainly one of the life's full circle moments for me
    one of the live school
    one of the life spool
    one of the live pool
    one of the live spur circle

· secret all over Britain (Joanne Rowling Interview)
    living in secret law over Britain
    living secret lover Britain
    secretly level(sacredly level)

· my hand is as numb as in ice box all day.
  · (My hand is as) (numb as in) (ice box all day)(Cam'ron's interview)

· in a contest as long and difficult as this campaign has been
  · (In a contest as) (long and difficult as) (this campaign has been)

· they are not extremely extatic glad about the fact that the way to refer to

· what prompted you to do this why?

· Don't we get a lot of electricity from natural gases as well?

· And I am asking you as a citizen of America as well as a journalist

· Now it looks as though they're here to stay Oh I believe in yesterday (Beetles Yesterday)

· **in democracy (speech on race)**

· **I have three little kids. Let's be clear this~.**

   This things

   This thinks

   This stinks (The last lecture)

· **I wanna take a gap year first (Emma vs Letterman 2007)**

영어 듣기를 하는 데 있어서 많은 비밀을 간직하고 있는 원리 중의 한 가지가 바로 원래 단어가 가지고 있는 경계와 다른 곳에서 호흡이 이루어진다는 것이다. 이론 인해 영어에 익숙하지 않은 한국인 학습자들의 경우 자신이 알고 있는 내용의 문장임에도 불구하고 내용을 파악하는 데 상당히 어려운 모습을 보인다. 오히려 나중에 자신이 알아듣지 못한 내용의 스크립트를 확인하고는 오히려 허탈해하는 경우를 많이 볼 수 있다.

위의 예문에서 볼 수 있는 것과 같이 영어 단어들이 학습자들의 기대와 달리 또박또박 발음되는 것만은 아니다. 게다가 강세와 억양의 조화에 의해 문자로 보이는 단어의 효과와 소리로 들리는 단어의 효과가 극명하게 차이가 나는 부분이기도 하다. 그래서 간혹 학습자들이 동영상을 듣고, 궁금해 했던 소리가 바로 이런 것이었었노라고 알려주면, 몹시 허탈해 하는 경우가 많다.

이런 허탈한 반응이 나오게 되는 이유는 자신이 알고 있는 단어들을 발음했을 때, 자신이 들었던 효과를 얻을 수 없기 때문이다. 하지만 많은 학생들이 이미 많은 단어들에서 이런 효과를 사용하고 있지만, 미처 이런 규칙들이 다른 단어들에서 광범위하게 사용되고 있다는 사실을 잘 모르고 있기 때문이다. 그러면 위에 제시된 예문들을 하나씩 살펴보도록 하자.

In America

이 단어의 경우 우리가 익숙하기도 하거니와 발음하는 데 있어서도 별 어려움이 없다. 왜냐하면 이미 수많은 예문들을 통해 이 단어 쌍을 발음하거나 들어보았기 때문이다

먼저, 이 단어의 발음은 어떻게 이루어질까 확인해보자.

이 단어들의 발음을 이해하는 가장 핵심적인 사항은 **In America** 라는 단어가 **InAmerica** 라는 새로운 단어처럼 형성되고 이를 다시 나누는 과정에서 우리가 낯설어 하는 형태로 발음된다는 사실이다. 이렇게 발음 되었을 경우 두 번째 단어인 America라는 단어의 고유성이 사라지고 Inamerica 라는 새로운 단어 속에서의 음가를 얻게 되는데, 지금 이 단어와 달리 학습자

들이 낯선 단어들로 구성된 단어의 경우 더 더욱 내용을 이해나는 데 어려움을 겪는다.

· This is certainly one of the life's full circle moments for me
(Oprah: 0' 11")

one of the live school

one of the life spool

one of the live pool

one of the live spur circle

이 예문은 Oprah의 수상소감에 나오는 문장 가운데 하나이다. 원문의 아래에 나열된 것들은 life's full circle라는 연속된 단어를 들은 학습자들의 반응이다. 학습자들이 자신이 들은 것으로 표기한 문장들을 보면, 각각의 단어들을 연결했을 때 그 소리의 효과가 원래 Oprah 자신이 하고 싶었던 말과 큰 차이가 없음을 알 수 있다. 예를 들어 'live school'과 'life spool' 그리고 'live spur circle' 의 경우에도 각각의 문장들을 약간 빠른 속도로 발음하면 어쩌면 그렇게 똑같은 효과를 나타내는 지 놀라울 정도이다. 그런데 문제는 앞에서 언급한 문장을 들은 학습자들이 예문과 같은 소리로 서로 다르게 인식하고 있다는 사실이다. 물론 소리에 아주 민감한 학습자들의 경우 의미와 상관없이 이 소리들을 정확이 맞출 수 있겠지만, 이럴 확률은 상대적으로 적은 편이고, 오히려 이런 경우 중요해 지는 것은 단순히 단어의 소리를 듣는 것뿐만 아니라 이 단어들의 조합이 의미하는 것을 듣는 것과 같은 속도로 이해하지 못하면 학습자들이 서로 다르게 들었다고 보고하는 것과 같은 결과를 나타내게 되는 것이다.

· in secret all over Britain
(Joanne Rowling Interview: 0' 05")

living in secret law over Britain

living secret lover Britain

secretly level(sacredly level)

Joanne Rowling의 인터뷰에 등장하는 이 예문의 경우 대부분의 한국인 학습자들이 거의 알아듣지 못하는 발음이다. 위에 적어 놓은 예는 극히 일부에 해당하는 예 이지만 이 문장을 알아듣는 것이 이 문장에서 일어나는 효과를 이해하지 못하면 이 문장을 제대로 알아듣는 것이 얼마나 어려운지를 단적으로 보여주는 예라고 할 수 있다. 위의 예에서 볼 수 있는 것과 같이 secret이라는 단어와 단어와 all 이라는 단어가 마치 한 단어인 것처럼 중간에 있는 단어의 경계가 사라진 상태로 발음이 되니 첫 번째 어려움이 생기고, 두 번째 단어인 all 과 over 역시 단어의 경계가 사라지고 발음이 되니 이 단어 역시 각각의 단어가 가지고 있던 음가가 사라지고 마치 **secret/all/over**이라는 세 단어가 한 데 뭉쳐져서 생긴 새로운 단어와 같은 효과로 발음이 되면서 학습자들이 알아듣기 어려운 단어로 변형된 경우이다.

위의 예문 가운데 처음으로 제시된 학습자들의 예문을 보면 **secret law over를** 들은 것으로 보고하고 있다. 이 소리들의 경우 원문과 공통적으로 가지고 있는 음가는 /l/ 이라는 음가이다. 이 음의 경우 공명도가 높아 전체 철자들 가운데 가장 잘 들리고, 이 소리를 듣는 학습자들의 경우 이 소리를 중심으로 다른 소리를 구성하기 때문에 전혀 엉뚱할 것 같은 단어들의 경우도 다시 발음하거나 들어보면 비슷하게 들리는 것을 발견할 수 있다.

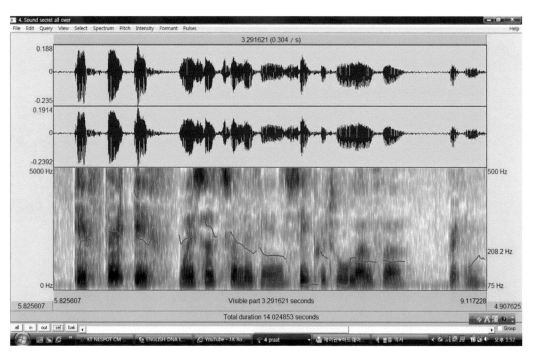

그림 5 secret all over

위 그림은 If wizards are living in secret all over 부분을 음성분석 프로그램인 Praat로 분석해 표시한 그림이다. 이 그림에서 보는 것과 같이 living in secret all over 라는 발음이 되는 부분을 보면 이 단어들이 연속으로 발음되어 있어 특별히 호흡하기 위해 끊어진 부분이 없이 연속으로 발음된 것을 알 수 있다. 바로 이런 부분들에서 음의 변형이 생겨나고, 이로 인해 이 발음을 듣는 사람들은 어려움을 겪게 된다.

- 동영상의 발음을 다시 들어보고 설명을 들어보자.

　　처음 이 발음을 들었을 때 학생들의 반응은 '뜨악', 이런 정도의 반응을 보인다. 특히 몇 몇 학습자들의 경우 '뭐 이런 발음이 다 있어!' 라는 반응을 보이는 발음이다. 그런데 이 발음을 원리를 익히고 난후 소리를 다시 들으면 흔히 학습자들이 보이는 반응은 '그럴 수도 있겠다' 이다. 처음엔 생소하고 전혀 의미 없어 보이던 단어가 원리를 알고 나면 마치 원래 그랬던 것 처럼 친해지는 이유이다. 특히 이 예문에서 힘든 부분은 secret 과 all 이 만나서 소리 나는 부분과 all 과 over 가 만나서 소리 나는 부분이다. 먼저, 앞부분을 소리 나는 대로 표시해 보면 secret과 all 사이에 쉬는 호흡이 없어 마치 **'시크리틀'**처럼 들린다. 이 소리를 들은 학습자들의 반응은 자신이 알고 있는 단어들의 결합이라고 생각하기 보다는 도대체 이게 무슨 소리지 하는 반응을 보인다. 마치 처음 들어보는 단어 같기 때문이다. 하지만 단어가 서로 연결되어 **secretall** 이라는 새로운 단어가 형성되고 이와 같은 단어를 기반으로 발음이 된다고 생각하면 그리 낯선 발음만은 많은 아닐 것이다. 다음의 예를 통해 더 확인해 보자.

· I wanna take a gap year first
　(Letterman vs. Emma Watson 2007: 1' 31")

　　이 단어의 발음은 단어의 연속에서 보는 것과 같이 gap 이라는 단어와 year 라는 단어의 결합과 맨 마지막에 있는 first 라는 단어의 발음에서 그 소리를 예측할 수 있어야 한다. 먼저 gap 이라는 단어와 year 라는 단어의 결합은 gapyear 라는 단어의 결합을 보여주고, 이 단어의 소리는 우리가 익숙한 단어인 'fear' 라는 단어의 소리와 그 앞에 붙어 있는 ga(?)라는 단어의 결합으로 나타난다. 이 단어의 경우 gap 과 year 사이에 호흡의 멈춤이 존재하지 않아 마치 새로운 소리처럼 들리지만 사실은 이 소리를 들은 사람은 정확한 소리를 들은 것이지만 영국의 대학 진학과 관련된 'gap year'라는 제도를 알고 있지 못하면 설령 자신이 제대로 소리를 들었을지라도 그 소리가 올바른 소리인지를 확신하지 못해서 생기는 문제이다. 게다가 마지막에 위치하고 있는 first 라는 단어의 맨 마지막 자음들이 불파열음으로 발음됨으로 인해 마치 그 음들이 생략된 것처럼 들리는 것은 이 소리를 듣고 있는 청자로 하여금 많은 어려움을 겪게 한다.

다음의 예에서는 우리가 흔히 받아왔던 문법 교육이 우리가 소리를 듣는데 어떤 영향을 끼쳐왔는지를 확인할 수 있는 좋은 예이다. 아래 소리들을 여러 차례 반복하면서 들어보자. 속도를 느리게 들어도 상관없다.

· (My hand is as) (numb as in) (ice box all day)
  (Cam'ron interview: 0' 28")

· (In a contest as) (long and difficult as) (this campaign has been)
  (McCain concession speech: 0' 59")

이 문장에서 확인할 수 있는 문장의 경계 설정은 일반적으로 기대할 수 있는 것과 상당한 차이를 보이고 있다. 대부분의 영어 학습자들의 기대하고 있는 것과 달리 이 문장은 세 개의 독립된 영역으로 나뉘어 발음되고 이로 인해 발생하는 음향 효과는 학습자들이 예상하는 바를 훨씬 뛰어 넘어 듣기에 상당한 어려움을 경험하게 한다. 특히 한국인 학습자들이 문법을 배울 때 익숙한 as~as 구문이 한 개의 덩어리가 아니라 서로 다른 영역에 속한다는 사실은 한국인 학습자들이 이 문장을 청취하는 데 어려움을 더한다. 더군다나 첫 부분에서 벌어지는 상황은 경계 설정의 변화 외에도 미국 흑인 영어에 등장하는 특별한 내용이 경계 설정의 변화에 영향을 미치고 있다는 것을 확인할 수 있다. 이곳에 등장하는 흑인영어의 특징은 흑인들이 발화를 함에 있어서 'be'동사를 습관적으로 생략하는 데, 이로 인해 한국인 학습자들이 자신의 귀에 들려오는 소리가 'is'인지 아니면 'as'의 일부인지 그도 아니면 이 둘이 합쳐진 것인지 판단할 수 없다. 또한 두 번째 부분에서는 'numb as in' 이 한 덩어리의 소리로 들리는데다가 두 번째 단어인 as에서 이 단어의 약형인 [əz]로 발음되고 뒷 단어인 전치사와 함께 발음됨으로써 전혀 새로운 성질의 소리를 만들어 낸다. 이렇게 새로운 덩어리의 소리로 발음되는 이 문장은 영어 듣기를 공부하는 학습자들에게 있어 여간 어려운 부분이 아니다.

같이 제시된 문장인 **(In a contest as) (long and difficult as) (this campaign has been)** 에서도 첫 문장과 동일한 현상을 확인할 수 있다. 한국인 학습자들이 문법적인 맥락에 충실해 as~as 구문을 기대하고 있음에 비해 영어 모국어 화자들이 이 발화를 처리하는 방식은 기대치와 전혀 다른 방식이다. 첫 번째 'as'는 첫 번째 단위의 일부가 되어 약한 형태의 소리가 되어 거의 소리가 들리지 않고, 두 번째 'as' 역시 두 번째 소리 단위의 일부가 되어 역시 그 소리를 명백하게 확인하기 어렵다. 이로 인해 영어 원어민 화자들의 발화 습관에 익숙하지 않은 학습자들의 경우 적지 않은 어려움을 겪는다. 이런 어려움은 비단 소리만의 문제가 아니라, 이 발화 전체를 처리하는 리듬과도 관계되어 있는 데, 이 역시 한국인 화자들이 익숙하지 않아 제대로 알아듣는 데 적지 않은 시간과 노력을 필요로 한다. 이로 인해 이와 같은 예들이 이 책에서 제공하는 예문들 가운데 가장 많은 부분을 차지하고 있다.

Chapter 3

소리 해석 단계
(단어, 문장)

- quote unquote

(Morgan vs Shapiro: 6' 09",

Moore vs. O'Reilly: 3' 02")

영어 모국어 화자들의 실재 대화나 드라마 영화 또는 그 밖의 다양한 상황에서 발생하는 현상들은 앞장에서 학습한 소리에 대한 적응 단계나 소리의 법칙 이해 단계를 지나 전혀 새로운 소리의 조합을 이해해야 하는 단계에 이르게 된다. 영어 학습자들이 모든 단어를 다 학습한 후에 새롭게 듣기 단계에 이르는 것은 아니다. 한국인 영어 학습자들의 경우 초/중/고 등을 거치며 많은 과정을 겪게 되는데, 초등학교 시절에는 학습자 본인이 알고 있는 단어와 그 단어에 대한 소리 정보의 일치성이 상당히 높은 단계이다. 그러나 학년이 높아질수록 특히 입시라는 독특한 제도를 거쳐야 하는 한국의 상황에서는 시간이 지날수록 단어와 이 단어에 대한 소리 정보의 괴리가 심해지는 현상을 발견할 수 있다. 한국인 학습자들의 경우 중학교/고등학교 과정을 거치며 소리 정보가 배제된 기호화된 이미지를 개인적으로 활용하게 된다. 이 단계에 이른 학습자는 일상적인 대화를 제외한 다양한 상황(뉴스, 인터뷰, 드라마, 영화, 다큐멘터리 등)에서 쉽게 해결하기 어려운 듣기 문제에 부딪힌다. 고학력 영어 학습자들의 경우 이미 많은 단어를 알고 있겠지만 일상 적인 대화를 제외한 다양한 발화 속에 등장하는 새로운 소리의 조합은 학습자들에게 또 하나의 장벽이며 반드시 해결해야할 과제이기도 하다. 이전까지 경험하지 못했던 새로운 소리의 조합은 이 소리들을 듣고 직접 해결하는 과정에 있어서 몇 가지 문제점을 야기 시킨다.

우선 학습자 본인에게 낯설게 들리는 소리가 단어는 이미 알고 있지만 그 단어에 대한 소리가 본인이 기대하는 바와 다른 소리인지 아니면 본인이 이제까지 학습한 적이 없는 전혀 새로운 단어인지, 만일 이마저도 아니라면 다시 알고 있는 단어들이 연속음에서 생기는 현상을 이해하지 못하는 것인지, 아니면 알고 있는 단어에 모르는 단어가 연결된 것인지 아니면 그 반대인지, 그마저도 아니라면 전혀 모르는 단어의 연속으로 인해서 발생하는 현상인지에 대한 이해가 필요하다. 앞에서 언급한 대부분의 현상들은 2장에서 언급한 경계 설정의 변화로 생기는 현상일 수 있는 데 이렇게 다양한 현상을 동반하고 있는 새로운 조합의 소리를 파악할 수 있는 충분한 훈련을 하지 않고는 이런 형태의 발화에 반응할 수 없다. 영어 모국어 화자의 경우 다양한 소리의 변화에 대해 높은 빈도의 경험을 통해 철자 또는 의미와 소리 사이에 생기는 간극을 좁힐 수 있지만 어휘/발음/빈도/경험 모든 면에서 모국어 화자에 미치지 못하는 영어 학습자들의 경우 더 많은 어려움에 직면하게 된다. 더군다나 기존의 경계 변화 현상에 2장에서 언급한 축약과 탈락 현상을 동반하고 있는 경계 설정의 변화는 더 더욱 어려움을 야기 시킨다. 이와 더불어 각각의 방언이 영향을 끼친 소리의 조합은 영어를 학습하기 시작한 초보 학습자들에게는 넘을 수 없는 거대한 성벽과 같다. 앞에서 언급한 내용을 정리하면 다음과 같다.

- 아는 단어 + 아는 단어
- 아는 단어 + 모르는 단어
- 모르는 단어 + 아는 단어
- 모르는 단어 + 모르는 단어

다음 단어에 나타나는 사례들을 살펴보자. (더 많은 예들은 '선명한 소리 but 못 알아듣는 소리'로 정리한 sound sample에서 더 확인해보기 바란다.)

- quote unquote
  (Morgan vs Shapiro: 6' 09")

- gratuitous manner
  (Mehdi Hasan: Nawaz vs Hasan 3' 06")

- hopefully decent travel
  (Emma Waston vs Letterman 2007 interview: 1' 42")

위에 제시한 두 개의 예문 중 첫 번째 예문은 Piers Morgan과 Ben Shapiro의 대화중에 등장하는 단어이다. 이 단어를 이미 알고 있는 화자에게는 별문제가 없겠지만 위 단어를 알지 못하는 화자에게 이 단어는 다양한 소리의 조합으로 들려올 수 있다. 그나마도 1장에서 언급한 소리에 대한 적응이 충분히 이루어진 경우에는 이렇게 들려오는 소리의 조합을 예측하는 것이 가능할 것이다.

위 단어의 조합과 같은 느낌의 소리로 들일 수 있는 단어의 조합은 다음과 같다.

- **quo and quo**
- **quo and quote**
- **quo unquote**
- **quote and quote**
  etc.

그러나 이마저도 라틴어에서 비롯된 용어들인 status quo 등과 같은 몇 몇 단어를 이미 알고 있는 경우에나 짐작할 수 있는 단어 조합이다. 일상적으로 잘 사용되지 않거나 또는 학술 용어로 사용되어 일반인 학습자들이 들을 기회가 많지 않은 단어들의 조합인 경우 더 더욱 그 단어의 정체를 파악하기 어렵다. 이와 마찬가지로 영어 학습자들에게 자신이 이전에 경험하지 못했던 새로운 단어를 문자가 아닌 소리의 형태로 처음 접해야 하는 상황을 충분히 예측할 수 있다. 이런 경우 충분한 상황논리가 주어진다면 단어를 모르고도 발화의 내용을 이해할 수 있지만, 만약 대화의 내용을 미리 들을 기회가 없던 뉴스나 그 밖의 상황의 경우 철저히 본인의 능력으로 소리에 대한 궁금함을 해결해 나가야 한다. 이 때 도움이 되는 것은 첫째 다양한 소리에 대한 충분한 훈련이 되어 있어 그 상황에 걸맞는 소리를 잡아내는 것과 잘 들리지 않는 소리가 구성되는 소리의 조합을 사전 등을 통해 파악하는 능력이다. 이 과정을 이 책의 가장 마지막 부분에 배치한 이유는 영어 단어는 중세 이후 소리와 철자의 괴리가 심해져서 충분한 학습량이 없이는 동일한 철자에서 발생하는 다양한 소리의 조합을 찾아내기 어렵기 때문이다. 이럴 때 도움이 되는 것은 기존에 알고 있던 단어의 조합이 가져다주는 소리의 예이다. 이런 예의 도움이 없이는 새롭게 듣게 되는 낯선 소리의 조합에 반응할 수 없다. 이런 당연한 논리에도 불구하고 실재 현장에서 벌어지는 것은 낯설게 들리는 소리를 제외하고 나머지 부분에서 얻을 수 있는 힌트를 통해 문장 전체의 의미를 파악하는 것이다. 물론 더 이상의 힌트를 얻을 수 없을 경우 의지할 수 있는 마지막 수단이기도 하지만 동시에 더 이상의 학습이 이루어지지 않으면 극복할 수 없는 명확한 한계를 보여줄 수밖에 없다. 이와 같은 현상들이 종합되어 있는 소리들의 경우 아무리 여러 번을 반복해 들어도 무슨 말인지 알아듣지 못하는 것은 어찌 보면 너무나 당연한 일이다.

일반적으로 자신의 모국어가 아닌 외국어를 현지에서 태어나 습득하거나 아니면 상당 기간 거주하면서 습득과 학습의 단계를 거치지 않은 일반 학습자들에게 해당 외국어를 편하게 듣고 마음껏 표현할 수 있는 단계에 이르는 것은 일종의 가장 큰 바람이다. 그러나 이런 바람과는 달리 현재 한국에서 일반 학습자들이 정규 교육을 통해서 외국어를 능통하게 구사할 수 있는 단계에 이르는 길은 그리 쉬운 일이 아니다. 물론 문자로 된 텍스트만으로 학습하던 이전에 비해 매체의 접근성, 원어민 교사와의 학습 등 학습여건이 눈부실 정도로 발전한 것은 사실이나 이마저도 일부의 학습자들에게 제한된 것이 사실이다. 그럼에도 불구하고 최근의 눈부신 발전상을 열거해 보면 먼저, 스마트폰의 발전을 들 수 있다. 예전의 경우 모르는 단어의 경우 단편적인 발음을 들을 수 있는 전자사전 등의 도움을 받을 수 있었으나 이제는 개별단어의 경우에도 영국식/미국식 발음을 구분해서 들을 수 있고 또 이에 딸려 있는 예문 들을 통해 이전에는 경험할 수 없는 다양한 경험을 할 수 있는 여건이 되었다. 또한 2008년 한국에 **YouTube** 채널이 등장 한 후로는 자신이 원하는 내용의 모국어 화자의 발음을 영국식/미국식, 지역별 방언, 교육별 수준, 프로그램의 속성에 따른 어휘 및 구문의 수준에 이르기까지 학습자 본인이 원하는 내용의 양질의 자료들을 확보할 수 있는 방안이 마련되었다. 또한 자신이 작성한 원고를 영어 또는 그 밖의 해당 외국어로 소리를 합성해 주는 사이트(naturalreaders.com)도 있는 데, 처음 이 사이트들을 접했을 때와는 달리 그 완성도가 놀라울 정도여서 어지간한 한국인 학습자들이 영어로 낭독하는 것보다 더 원어민의 발음에 가까운 경우도 있다.

물론 이렇게 넘쳐나는 자료들이 있어도 자신에 맞는 내용의 자료를 선택하고 또 학습하는 것은 또 별개의 문제이다. 일반 학습자들의 경우 자신에 걸맞는 수준의 내용을 선택하는 것도 어려울뿐더러 혹시 해결하기 어려운 문제에 부딪힌 경우에도 이를 해결해줄 도우미를 만나는 것은 쉬운 일이 아니다. 본서는 이런 학습자들에게 모국어 화자들의 다양한 발화 속에 나타나는 현상을 직접 체험하고 또 반복 학습함으로써 비록 현지에서 배우는 것만큼 생생할 수는 없겠지만 그래도 제한적인 범위 내에서 마치 현장에서 직접 얼굴을 맞대고 배우는 것과 같은 학습효과를 얻기를 기대하고 그 기대가 이 교재에 반영되기를 간절히 바라는 마음으로 준비하였다.

이 교재에 등장하는 예문들은 참고 사이트에 올려놓은 동영상에 기반한 모국어 화자의 실재 발화를 기본으로 작성했으며 또 그런 예문을 들으면서 많은 오류를 겪은 수강생의 생생한 경험을 바탕으로 작성되었다. 이 수강생들의 경험에는 일반 학습자들이 겪게 될 많은 일반적인 내용을 포함하고 있으며 또한 이 일반적인 내용은 영어 학습자들이 반드시 해결해야할 내용들을 포함하고 있다. 일반 외국어 학습자들이 겪는 문제들은 고스란히 공인 영어 평가에서도 단골 질문 메뉴가 되어 있어 이 교재에서 제시하고 있는 문제들을 해결할 수 있다면 영어 공인 평가 시험, 일상 대화에 더해 좀 더 수준이 높은 방송 뉴스, 인터뷰, 대담프로, 집단 토론 등 다양한 분야에 걸친 여러 가지 상황에 대처할 수 있는 기틀을 마련하게 될 것이다.

Dr. Oh's ENGLISH CLINIC
Sound Samples 9th

I. 소리 적응 단계

a. Consonants

[p, t, k, s, ʃ, ʧ, h] vs [b, d, g, z, ʒ, ʤ]

b. Vowels

* Neutralization & non-accent : /a, e, i, o, u/ → [ə]

: assault weapons (Shapiro 2' 02")

: Let's assume for (Peterson Dyson white 6' 08"/22' 05")

: lucrative

* Vowel key pronunciation: [ə, ou, ɔr, ɔ]

- **boat; bore; bought**

- **coat; coast; course; cost**

- **dose; dorm; dawn**

- **flow; floor; flaw**

- **low; lord; law**

- **toe; toward; taught**

- **soul; source; sort; sauce**

- **pose; port; pause**

- **whole; hole; whore; hall**

c. 리듬 & 억양 & Transition

- Tony Blair child poverty: 0' 16"

- BBC news Scotland's future 5 live: 3' 30", 14' 45"

- Owen Jones vs Black Interview

- Scottish accent/Irish accent

- Wisconsin accent/Alabama accent

- Scottish voice recognition elevator: 3' 36"

II. 규칙 이해 단계

a. flapping

b. reducing or omitting

c. strong form & weak form

d. local variation

e. boundary shift

III. 의미 파악 단계

a. sound(s) → word/meaning

b. sound(s) → Ø

c. Ø → sound(s)

■ Flapping (혀끝을 이용한 동작)

Odyssey; Pivotal; Ottoman; Strategy vs Strategic; Karate ; Alma mater

1. Who **stood in** the gap for me (Oprah acceptance speech 1998: 1' 43")

2. with **greatest integrity** (Oprah acceptance speech 1998: 1' 49")

3. **greater** than my imagination can hold (Oprah acceptance speech 1998: 2' 26")

4. God **could have** given me (Oprah acceptance speech 1998: 3' 03")

5. **board of** overseers (Bill Gates & JK Rowling: 0' 53")

6. **at a** Philadelphia (Obama speech on race: 0' 33")

7. **pivotal character** (Emma vs Letterman: 2' 14")

8. played a **pivotal role** (Stiglitz inequality: 5' 15")

9. **pivotal** moment (Bernie Sanders oxford Union debate: 20' 45")

10. say **hello to** (Emma vs Letterman: 0' 19")

11. **say hello to** (Rai vs Letterman: 0' 10")

12. That doesn't really **matter to** you. (60 Cam'ron: 2' 57")

13. who have a **distorted ideology** (O'Reilly Obama Sep 2008 Pt 1: 0' 46")

14. who have **Perverted** faith of Islam (O'Reilly Obama Sep 2008 Pt 1: 0' 52"/7' 41")

15. same **part and parcel** of the same ideology

    (O'Reilly Obama Sep 2008 Pt 1: 1' 42"/7' 41")

16. Harold Macmillan **never did it** (Tony Blair child poverty: 0' 16")

17. If you really want to solve, **quote unquote** (Morgan Shapiro owned: 6' 09"/14' 04")

18. If you really want to solve, **quote unquote** (Moore vs O'Reilly: 3' 02")

19. If we didn't **edit it** (Moore vs O'Reilly: 0' 20")

20. We've not **edited it** (Moore vs O'Reilly: 0' 27")

21 What **prompted you to do** this why (Eye to Eye Al Gore: 0' 05")

22. to all who have the **industry and will to seize** it

    (McCain concession speech: 1' 43"/15' 01")

■ Reducing and Omitting (축약과 탈락)

* 'd, 'll, 've, 'em, 'er, of

* **subtle, consumption, annihilate, lucrative**

23. Sometimes **opens them up** (Oprah acceptance speech 1998: 3' 00")

24. God **could have** given me (Oprah acceptance speech 1998: 3' 03")

25. **leave of** absence (Bill Gates Speech: 0' 03")

26. **I'll be** changing my job next year (Bill Gates Speech: 1' 30")

27. I'll be **changing** my job next year (Bill Gates Speech: 1' 30")

28. **with these** simple words (Speech on race: 0' 16")

29. Patriots **who had** travelled across the ocean (Speech on race: 0' 26")

30. embedded **within our** constitution (Speech on race: 1' 15")

31. so I **am reprising** a talk that (The last lecture: 0' 04")

32. **There is an** elephant in the room (The last lecture: 0' 19")

33. **There're** approximately a dozen tumors (The last lecture: 0' 34")

34. Let's be clear, **this stinks** (The last lecture: 0' 40")

35. Don't you care about the Kids **who're** being killed in Chicago (Moore vs Shapiro: 2' 20")

36. **the senate intelligence**, Lord Burtler's investigation in Britain (Moore vs O'Reilly interview: 0' 50")

37. **Actually it's** president Bush (Moore vs O'Reilly interview: 1' 26")

38. **Let's start with** national security (O'Reilly Obama Pt 1: 0' 36"/7' 41")

39. **Let's start with** some general questions covering house of decade in power (Tony Blair child poverty: 0' 30")

40. **Hopefully decent** traveling (Emma vs Letterman 2007: 1' 38")

41. Millions, millions fans **all over the globe** might be slightly disappointed by that (Emma vs Letterman 2007: 2' 07")

42. Wizards are living **in secret all over** Britain (JK Rowling interview on Quidditch: 0' 09")

43. They are not extremely **ecstatic glad about** the fact that **the way to refer to** (Rai vs Letterman: 1' 30")

44. I wanna what happens to **Hermione** (Emma vs Letterman 2007: 2' 30")

45. **Harold Macmillan** never did it (Tony Blair child poverty: 0' 16")

46. **Thank you for doing this** PM, **first of all**, **Let's start with**~ (Tony Blair child poverty: 0' 30")

47. **If it works out** in different way (Tony Blair child poverty: 1' 05")

48. why hasn't it **worked out** so far Susan (Susan Boyle: 1' 45"/7' 31")

49. **have not been given** the chance before, **here whole figure** will change (Susan Boyle: 1' 45")

50. A lot of people, though, **hearing that** are gonna say (60 Cam'ron: 0' 45")

51. A man **of being traduced** (Conrad Black vs Paxman: 6' 24"/6' 46")

52. You've got nerve damage **in** one of them (60 Cam'ron: 0' 20")

53. Don't **buy** my record (60 Cam'ron: 0' 51")

54. Would **buy** my record (60 Cam'ron: 1' 14")

55. **Why** I'm saying, what I'm saying (60 Cam'ron: 1' 18")

56. **Don't we** get a lot of electricity from (Eye to eye Al Gore: 0' 56")

57. I **don't know** what their excuses (Tony Blair child poverty: 0' 20")

58. **Don't** feel nostalgic for that period of job (Tony Blair child poverty: 0' 34")

59. Don't you care about the Kids **who're** (or) being killed in Chicago **as much as** kids in 6 Sandy Hook (Morgan vs Shapiro owned: 2' 20"/14' 04")

60. Patriots **who had** travelled across the ocean (Speech on race: 0' 26")

61. **as we just** established (Morgan vs Shapiro: 6' 30"/14' 04")

62. **I will have** a large coke (Fast food order animated: 4' 00")

63. A cup of coffee, please. **Coming right up.** (Thank you for your service-war veteran ads: 0' 16")

■ Strong form and Weak form (강형과 약형)

* as~as, a, the, that, of, if

64. To share some **sense of illuminations** (Oprah acceptance speech 1998: 2' 54")

65. **After a** 33 year (Bill Gates Speech: 0' 03")

66. **As a** proud mother (Hillary DNC 2008: 3' 40")

67. **leave of** absence (Bill Gates Speech: 0' 03")

68. **board of** overseers (Bill Gates & JK Rowling: 0' 53")

69. **and** the doctors tell me (The last lecture: 0' 26")

70. He would do interview with **factor if** we didn't edit it (Moore vs O'Reilly: 0' 21")

71. **In a contest as** long and **difficult as** this campaign has been (McCain Concession Speech 2008: 0' 59")

72. You've nerve damage **in** one of them (60 Cam'ron : 0' 28")

73. My hand **is as numb as in** ice box all day (60 Cam'ron: 0' 28")

74. Don't you care about the Kids **who're** (or) being killed in Chicago **as much as** kids in Sandy Hook (Morgan vs Shapiro: 2' 20")

75. making the economic pie **as big as** possible(Stiglitz inequality: 1' 55")

76. **as smart as** I thought (Reimagining Capitalism: 2' 23")

77. Now it **looks as though** they're here to stay (Beetles Yesterday lyrics)

■ Local Variation (동네마다 달라요)

* **vegan, cadre, data, route, advertisement, rents(parents), th/f**

78. Taking a much more **direct route** (Bill Gates Speech: 1' 43")

79. you can also log performance **data** (I30n 5 years track warranty put to the test: 3' 42")

80. But it is still **code of ethics** (60 Cam'ron interview: 1' 23")

81. And it is a **thriving industry** (Rai vs Letterman: 1' 38")

82. **Don't buy my record** (60 Cam'ron interview: 0' 52")

83. Would **buy** my record (60 Cam'ron interview: 1' 14")

84. **Why** I'm saying, what I'm saying (60 Cam'ron interview: 1' 18")

85. **Parents(rents)** advisory on it (60 Cam'ron interview: 2' 33")

86. I got the **role** (Emma vs Letterman: 2' 54")

87. Owen Jones vs Black

88. Wisconsin accent/Alabama accent

89. Scottish accent/Irish accent

90. Scottish voice recognition elevator: eleven 3' 36"

91. Scotland's future: 5 live debate

■ Boundary Shift (경계 설정의 변화)

92. This is certainly one of the **life's full circle** moments for me (Oprah acceptance speech 1998: 1' 05")

93. After a thirty-three year **leave of absence** from his **alma mater** (Bill Gates speech at Harvard: 0' 03")

94. **With these** simple words launched **the America's improbable** experiment **in democracy** (Speech on race: 0' 51")

95. With **greatest integrity** (Oprah acceptance speech 1998: 1' 49")

96. Pancreatic **cancer's spread to** my liver, **there're** approximately a dozen tumors (The last lecture: 0' 34")

97. Let's be clear, **this stinks** (The last lecture: 0' 40")

98. I'm not **morose enough** for you (The last lecture: 0' 56")

99. Moore **dodged us** saying he wouldn't appear (Moore vs O'Reilly: 0' 06")

100. I saw the **first half of** the screening (Moore vs O'Reilly: 0' 13")

101. He would do interview with **factor if** we didn't edit it (Moore vs O'Reilly: 0' 21")

102. One of the **issues is** you (Moore vs O'Reilly: 0' 44")

103. The **senate intelligence** committee (Moore vs O'Reilly: 0' 50")

104. **Actually it's** president Bush (Moore vs O'Reilly: 1' 26")

105. What **prompted you to do** this why? (Eye to Eye Al Gore: 0' 05")

106. And I am **asking this as a citizen of America and as well as** a journalist. (O'Reilly Obama Sep 2008 Pt 1: 1' 33"/7' 41")

107. Why not **we don't have anything** to do with it (O'Reilly Obama Sep 2008 Pt 1: 1' 56"/7' 41")

108. **Don't we** get a lot of electricity from natural gases as well? (Eye to Eye Al Gore: 0' 56")

109. I **don't know** what their excuses (Tony Blair child poverty: 0' 20")

110. **Don't you** feel nostalgic for that period of job (Tony blair child poverty: 0' 36")

111. Millions fans **all over the globe** might be slightly (Emma vs Letterman: 2' 07")

112. I wanna take **a gap year first** (Emma vs Letterman: 1' 31")

113. Wizards are living **in secret all over** Britain (JK Rowling Interview on Quidditch: 0' 05")

114. Why did she **suddenly start spending** so much money then(on that) (Black vs Paxman: 6' 12"/6' 46")

115. my **hand is as numb as in** ice box all day. (60 Cam'ron: 0' 28")

116. A lot of people, though, **hearing that are** gonna say (60 Cam'ron: 0' 45")

117. Parents(rents) **advisory on it** (60 Cam'ron: 2' 33")

118. People **walk across** with you about millennium dome (Tony Blair child poverty: 0' 42")

119. If you really want to solve, **quote unquote,** (Morgan vs Shapiro owned: 6' 09"/14' 04")

120. weapons of mass destruction, **quote unquote,** (Moore vs O'Reilly: 3' 02")

121. in a **contest as long and difficult as** this campaign has been (McCain concession speech: 0' 56")

122. they are not **extremely ecstatic** glad about the fact that **the way to refer to** (Rai vs Letterman: 1' 30")

123. Now it **looks as though** they're here to stay Oh I believe in yesterday (Beetles Yesterday lyrics)

124. I wanna take a gap year first (Emma vs Letterman: 1' 30") : fear bus

125. **I will have** a large coke (Fast food order animated: 4' 00")

126. A cup of coffee, please. **Coming right up.** (Thank you for your service-war veteran ads: 0' 16")

■ 선명한 소리 but 못 듣는 소리

127. from his **alma mater** (Bill Gates speech: 0' 04")

128. **Declaration** of independence vs **Decoration**

(Speech on race: 0' 34")

129. **pérfect**(형) vs **perféct**(동사)

(Speech on race: 0' 04 vs 1' 36")

130. you got **Shia vs Sunni**

(O'Reilly Obama Sep 2008 Pt 1: 1' 13")

131. Cam'ron : **employée**: 2' 10"

132. cruel and frightful bigotry

(McCain concession speech: 2' 25"/15' 01")

133. If you really want to solve, **quote unquote**

(Moore vs Shapiro: 6' 09"/14' 04")

134. weapons of mass destruction, quote unquote

(Moore vs O'Reilly: 3' 02")

135. they're going to give it to **Hezbollah**

(O'Reilly Obama Sep 2008 Pt 1: 1' 22")

136. a man **of being traduced**

(Black vs Paxman: 6' 24"/6' 46")

137. Hitchens **metastasize:** 1' 05", **esophagus:** 1' 10",
clavicle: 1' 17"

138. Hitchens **emancipation:** 21' 58"

139. Hitchens **propitiation**: 24' 55"/29' 00"

140. in a **gratuitous manner** (Nawaz vs Hasan: 3' 40")

141. **unique** vs **éunuch** (현대 PYL 광고)

142. **cóurier** : **caréer**

■ 동영상 자료실

1. Oprah Winfrey Acceptance Speech 1998

2. The Last Lecture by Dr. Randy Paush

3. Bill Gates Speech at Harvard

4. Steeve Jobs Speech at Stanford

5. A More Perfect Union by Obama

6. O'Reilly Factor Sep. 2008 Barack Obama pt. 1

7. McCain Concession Speech

8. Eye to Eye: Cam'ron (CBS News)

9. JK Rowling on Quidditch

10. Tony Blair Interview on child poverty

11. Britains Got Talent- Susan Boyle

12. Facebook by Mark Zuckerberg

13. Freedom Writers

14 Jeremy Paxman vs Conrad Black

15. Condoleezza Rice Interview

16. Eye to Eye : Al Gore

17. Hillary Clinton Speech at DNC

18. Authors at Google by Chomsky

19. Bill O'Reilly vs Michael Moore at Fox

20. Emma Watson vs David Letterman

21. Letterman vs Aishwarya Rai

22. Yesterday by Beatles

23. The Mother of Slow Food

24. Breaking News (From lots of sources: 9/11 etc.) September 11, 2001 - As It Happened - The Initial Bulletins

25. Annual High School Debate Annual High School Debate Championship Pt. 2/6

26. The Khan Academy

27. Asia Profile Asia Profile: Korean American Superstar - Esther Chae

28. Paxman interviews Christopher Hitchens- Newnight Archives(2010)

29. Nawaz, Hasan and Ansar on BBC Newsnight

■ 발음 비교 동영상

30 UN Secretary General Ban addresses Model UN
students

31. Yukio Takasu Japan Ambassador to UN

32. Yu-Na Kim Interviw

참 고 문 헌

Beckman, Mary E. and Gayle M. Ayers. 1994. Guidelines for ToBI labelling, ver. 2.0. Ms. and accompanying speech materials, Ohio State University.

Beckman, Mary E. and Julia Hirschberg. 1994. The ToBI annotation conventions. Ms. and accompanying speech materials, Ohio State University.

Beckman, Mary E. and Janet B. Pierrehumbert. 1986. Intonational structure in English and Japanese. *Phonology Yearbook 3*: 255-310.

Beckman, Mary E. 1996. The parsing of prosody. Language and Cognitive Processes 11: 17-67.

Beckman, Mary E. and Elam, Gayle Ayers, 1997, Guidelines for ToBI Labelling, ver. 3.0. The Ohio State University.

Cohen, Philip R., Jerry Morgan and Martha E. Pollack. 1992. *Intentions in Communication*. MIT Press.

Dainora, Audra. 2001. An empirically based probabilistic model of intonation in American English. PhD thesis. The University of Chicago.

Grice, Martine. 1995. Leading tones and downstep in English. *Phonology 12*: 183-233.

Heusinger, Klaus. 1999. Intonation and information structure. PhD thesis. University of Konstanz.

Hirschberg, Julia and Janet Pierrehumbert. 1986. Intonational structuring of discourse. Proceedings of the twenty-fourth meeting of the Association for Computational Linguistics, New York, pp. 136-44.

Hirst, Daniel and Albert Di Cristo. 1998. *Intonation systems*. Cambridge University Press.

Jun, Sun-Ah. 1993. The phonetics and phonology of Korean prosody. PhD thesis, Ohio State University.

Ladd, D. Robert. 1978. Stylized intonation. *Lg. 54*: 517-39.

　　1980a. *The structure of intonational meaning: evidence from English*. Bloomington: Indiana University Press.

　　1984. Declination: a review and some hypotheses. *Phonology Yearbook 1*: 53-74.

　　1989. Review of Pierrehumbert and Beckman 1988. *JL 25*: 519-26.

　　1992a. An Introduction to intonational phonology. In Docherty and Ladd 1992: 321-34.

　　1996. *Intonational Phonology*. Cambridge University Press.

Ladefoged, Peter. 2006 *A course in phonetics(5th edn.)* Thomson Wadsworth.

Liberman, Mark. 1975. The intonational system of English. PhD thesis, MIT. Distributed 1978 by IULC.

O'Conner, J. D. and G. F. Arnold. 1973. *Intonation of colloquial English (2nd edn)*. London: Longman.

Palmer, Harold E. 1922. *English intonation with systematic exercises*. Cambridge University Press.

Pierrehumbert, Janet. 1980. The phonology and phonetics of English intonation. PhD thesis, MIT, published 1988 by IULC.

Pierrehumbert, Janet and Mary E. Beckman. 1988. Japanese tone structure. Cambridge, MA: MIT Press.

Pierrehumbert, Janet and Julia Hirschberg. 1990. The meaning of intonational contours in the interpretation of discourse. In P.R. Cohen, J. Morgan, and M. E. Pollack (eds) *Intentions in communication. Cambridge*, MA: MIT Press, pp. 271-311.

Silverman, Kim, Mary Beckman, John Pitrelli, Mari Ostendorf, Colin Wightman, Patti Price, Janet

Pierrehumbert and Julia Hirschberg. 1992. ToBI: A standard for labelling English Prosody. Proceedings of the Intonational Conference on Spoken Language Processing(ICSLP), pp.867-870. Banff, Canada.

Taylor, Paul A. 1994. A phonetic model of English intonation. PhD thesis, University of Edinburgh, distributed by IULC.

ENGLISH DNA—LC
오 박사의 영어 청취 비법

초판인쇄 2020년 10월 21일
초판발행 2020년 10월 21일

지은이 오세풍
펴낸이 채종준
펴낸곳 한국학술정보㈜
주소 경기도 파주시 회동길 230(문발동)
전화 031) 908-3181(대표)
팩스 031) 908-3189
홈페이지 http://ebook.kstudy.com
전자우편 출판사업부 publish@kstudy.com
등록 제일산-115호(2000. 6. 19)

ISBN 979-11-6603-114-4 93740